W0044273

Christian Hlavac · Christa Englinger

La bella Austria

Christian Hlavac · Christa Englinger

La bella Austria

Auf italienischen Spuren in Österreich

Mit 98 Abbildungen

Amalthea
Verlag

Besuchen Sie uns im Internet unter: amalthea.at

© 2019 by Amalthea Signum Verlag, Wien
Alle Rechte vorbehalten
Umschlaggestaltung: Elisabeth Pirker/OFFBEAT
Umschlagabbildungen: iStock.com
Lektorat: Helene Sommer
Herstellung und Satz: VerlagsService Dietmar Schmitz GmbH, Heimstetten
Gesetzt aus der 11/14,5 pt Minion Pro Caption
Designed in Austria, printed in the EU
ISBN 978-3-99050-133-7

Inhalt

Oliven und Zypressen am Franziskusweg in der Toskana

Italien auf einer Serviette

Ein Novemberabend in Florenz. Seit Stunden regnet es in Strömen, und die Fassaden der Renaissancepaläste spiegeln sich in den nassen Pflastersteinen. Der Pegelstand des Arno steigt kontinuierlich auf ein besorgniserregendes Niveau, und die Einwohner bereiten sich auf ein mögliches Hochwasser vor. Die Touristen haben – müde vom ehrfürchtigen Bewundern der vielen Sehenswürdigkeiten – in Restaurants und Trattorien Zuflucht gesucht. Wir sitzen mitten unter ihnen in einer kleinen Pizzeria unweit des Bahnhofs. Als Touristen fühlen wir uns freilich nicht – Touristen sind ja bekanntlich immer nur die anderen … – sondern vielmehr als alte Bekannte und als gern gesehene Gäste, die hier fast schon zu Hause sind. Wie so oft haben wir eine Gelegenheit genutzt, um in dieser schönen Stadt einen Zwischenstopp einzulegen. Diesmal sind wir auf dem Heimweg von einer Pilgerwanderung auf dem toskanischen Teil des Franziskusweges, dessen westliche Variante von Florenz über Assisi nach Rom führt.

Wieder einmal liegen wunderbare Tage in Italien hinter uns, und wie immer fällt uns der Abschied von unserem Lieblingsland schwer. Könnten wir nicht ein Stück Italien mit nach Hause nehmen? Etwas von der großartigen Kultur, ein Stückchen Architektur, ein wenig Malerei und ein paar Takte Musik? Nicht zu vergessen einige Köstlichkeiten aus der italienischen Küche – unbedingt den unvergleichlichen Cappuccino, bitte! – und eine Prise des italienischen Lebensgefühls. Doch Halt! Das müssen wir alles gar nicht mitnehmen, denn so manches davon haben wir in »bella Austria«. Kurzerhand nehmen wir eine Serviette und notieren uns die ersten italienischen Spuren in Österreich, die uns spontan einfallen.

Doch bevor wir im Detail mit der Spurensuche beginnen, gilt es, Grundsätzliches zu klären. So ist die Frage zu beantworten, was wir im Folgenden unter »Italien« verstehen. Genau genommen, kann man erst nach der offiziellen Gründung des italienischen Einheitsstaates im Jahr 1861 von Italien, von Italienerinnen und Italienern sprechen. In das vorliegende Buch haben selbstverständlich auch ältere Spuren Eingang gefunden. In diesen Fällen verstehen wir unter dem Begriff »Italien« alles, was zum heutigen italienischen Staat zusammengefügt wurde: vor allem der ehemalige Kirchenstaat, das einstige Großherzogtum Toskana, die Herzogtümer Parma und Modena, die Königreiche beider Sizilien, Piemont-Sardinien und Lombardo-Venetien. Dass wir in Österreich so viele italienische Spuren finden, liegt auch daran, dass im 18. Jahrhundert große Teile des heutigen italienischen Staatsgebietes zum Einflussbereich der Habsburgermonarchie gehörten: die Lombardei von Anfang des 18. Jahrhunderts bis 1796, Neapel von 1707 bis 1734, Sardinien von 1714 bis 1720 und Sizilien von 1720 bis 1734. Das Großherzogtum Toskana fiel 1737 an Franz Stephan von Lothringen, den Ehemann Maria Theresias, und Venedig stand zweimal unter der Herrschaft der Habsburger: von 1798 bis 1806 und von 1815 bis 1866.

Und wer ist für uns eine Italienerin oder ein Italiener? Wir haben hierbei eine einfache Regel aufgestellt: Die Person wurde erstens in einem Ort geboren, der heute zur Republik Italien gehört, und zweitens war ihre Umgangssprache in den Jugendjahren Italienisch, soweit sich dies überhaupt nachweisen lässt.

Italienischsprachige Einwanderer bzw. Saisonarbeiter aus den südlichen habsburgischen Provinzen oder aus den italienischen Fürsten- und Herzogtümern sowie Königreichen waren zu allen Zeiten an Wanderbewegungen nach Österreich und insbesondere in die Haupt- und Residenzstadt Wien beteiligt. Die Zuwanderer stammten aus allen sozialen Schichten und gehörten verschiedenen Berufsgruppen an: Sie waren Händler, einfache Bauarbeiter, Maurer, Steinmetze, Baumeister oder auch Architekten, Offiziere, Diplomaten, Komponisten, Hofdichter, Theaterleute, Sänger, Maler, Bildhauer und andere Künstler. Gerade die Gruppe der italie-

»Zitronensaure« Souvenirs von der Insel Capri

nischsprachigen Künstler prägte im 17. und 18. Jahrhundert große
Teile der sogenannten Hochkultur: das Theater, die Oper sowie
das Bauwesen. Es fällt auf, dass zahlreiche Paläste und Kirchen in
Österreich das Werk von italienischen Baumeistern, Architekten,
Stuckateuren und Maurern oder von Fachleuten sind, die aus den
österreichischen Erblanden stammten und in Italien studierten
bzw. ausgebildet wurden. Letzteres gilt zum Beispiel für Johann
Bernhard Fischer von Erlach, der 16 Jahre in Rom und Neapel
lebte. Trotz des großen Einflusses auf Architektur und Kultur lag
der Anteil der »Italiener« an der Wohn- und Arbeitsbevölkerung
in der Residenzstadt Wien meist deutlich unter einem Prozent;
nur um die Mitte des 17. Jahrhunderts dürfte er höher gewesen
sein – wird aber auch da kaum mehr als fünf Prozent betragen
haben. Kaiser Ferdinand III. und sein Sohn, Leopold I., dichteten
in italienischer Sprache; die gebildete Schicht sprach Italienisch –
oder verstand es zumindest. Von 1671 bis nach 1721 erschien in
Wien auch zweimal wöchentlich eine italienische Zeitung, der
Corriere italiano.

Man kann davon ausgehen, dass der Zuzug von Italienern in der zweiten Hälfte des 17. Jahrhunderts während der Regierungszeit Kaiser Leopolds I. relativ hoch war. Damals wurde Italienisch zur zweiten Hofsprache und der Kaiser selbst sprach und schrieb gerne Italienisch. Noch Anfang des 18. Jahrhunderts war die italienische Sprache neben der deutschen die am häufigsten verwendete am Wiener Hof. Auch der berühmte Barockarchitekt Johann Lucas von Hildebrandt – der 28 Jahre in Italien gelebt hatte und mit großer Wahrscheinlichkeit doppelsprachig aufgewachsen war – hat in seiner fast 50 Jahre dauernden Wiener Lebensphase viele Briefe in italienischer Sprache verfasst. Unter Franz Stephan von Lothringen nahm der italienische Einfluss deutlich ab, da dieser viele Fachleute aus seinem französischsprachigen Heimatland Lothringen an den Wiener Hof holte.

Die offensichtlichsten Spuren, die Italiener in Österreich hinterlassen haben, sind im Straßenbild der Städte zu finden: nicht nur durch Bauten, die von italienischen Baumeistern, Architekten und Handwerkern geplant bzw. errichtet wurden, sondern auch durch Straßennamen. Beispielsweise finden wir in Innsbruck zwei davon: Die *Montessoristraße*, die auf die italienische Ärztin Maria Montessori – Begründerin der nach ihr benannten Reformpädagogik – verweist, und die *Negrellistraße*, die nach Luigi Negrelli, dem Planer zahlreicher (Wasser-)Straßen, Brücken und Bahnen benannt ist. In Klagenfurt wird dem Ingenieur ebenfalls mit einer *Negrelligasse* gedacht. Die *Adriagasse, Friaulgasse* und *Görzer Allee* verweisen in Klagenfurt hingegen auf geografische Orte. In Wiener Neustadt finden wir die *Cignaroligasse*, benannt nach dem italienischen Maler Gianbettino Cignaroli, der das Hochaltarbild im Dom von Wiener Neustadt gestaltete, den *Francesco-Solimena-Weg*, der auf einen süditalienischen Maler verweist, sowie die *Locatelligasse*, benannt nach dem italienischen Komponisten und Violinisten Pietro Locatelli. In Wien sind – schon aufgrund der Größe der Stadt – deutlich mehr Namensspuren zu finden.

Portofino (Ligurien), einer der bekanntesten Orte Italiens

Doch uns interessieren auch die versteckten Spuren, die nicht sofort ins Auge fallen. Begleiten Sie uns auf unserer Suche durch Österreich und schwelgen Sie mit uns in der Sehnsucht nach dem »Land, wo die Zitronen blühn«. Buon viaggio!

An dieser Stelle dürfen wir ein »Mille grazie« an jene Menschen aussprechen, die uns Anregungen, Hinweise oder Auskünfte gegeben sowie Fotos zur Verfügung gestellt haben: Christian Antz (Magdeburg), Gianni Casoni (Arezzo), Josef Hlavac (Wien), Silvia Hochedlinger-Kassar (Bregenz/Wien), Brigitte Krizsanits (Eisenstadt), Patrizia Lombardi (La Spezia), Bernadette Kalteis (Melk), Loredana Flore-Selichar (Wien). Zu guter Letzt danken wir Madeleine Pichler vom Amalthea Verlag und der Lektorin Helene Sommer für die angenehme Zusammenarbeit.

Schnitzel und Caffè

Ein Arme-Leute-Gericht: die Pizza

Sie hat einen Durchmesser von 30 bis 35 Zentimeter, einen dicken
Rand ohne Blasen oder Brandflecken und ist weich und elastisch.
Ihr Teig besteht ausschließlich aus Wasser, Mehl, Hefe und Salz.
Nachdem er mindestens acht Stunden lang gerastet hat, wird er zu
gleichmäßig runden Fladen geformt und mit den Zutaten – die
möglichst aus der Region Kampanien stammen sollten – belegt.
Nach nur 60 bis 90 Sekunden im mindestens 430 Grad Celsius
heißen Holzofen ist sie fertig: die »echte neapolitanische Pizza«.
Sie wird entweder als *Pizza Marinara* mit Tomaten (Paradeisern),
Olivenöl, Oregano und Knoblauch oder als *Pizza Margherita* mit
Tomaten, Olivenöl, Mozzarella oder Fior di latte, geriebenem Käse
und Basilikum serviert. Natürlich gibt es noch eine Vielzahl anderer köstlicher Pizzasorten – doch die verdienen nicht das Prädikat
»echt neapolitanisch«, wie man in den Bestimmungen der AVPN,
der »Associazione Verace Pizza Napoletana« (Vereinigung zum
Schutz der wahrhaftigen neapolitanischen Pizza), nachlesen kann.
Die Vereinigung wurde im Jahr 1984 von Antonio Pace, einem *piz-
zaiolo* (Pizzakoch) aus Neapel, gegründet. Auslöser war die zunehmende Verbreitung von Fastfoodketten und anderen Anbietern,
die unter der Bezeichnung »echt neapolitanische Pizza« Teigfladen
herstellten, welche dieses Prädikat im qualitativen Sinne oft nicht
verdienten. Um dem gegenzusteuern, setzte man sich das Ziel, den
guten Ruf und die Wertschätzung der *echten* Pizza zu erhalten –
einer Pizza, die nach neapolitanischer Tradition und aus den qua-
litativ besten regionalen Zutaten hergestellt wird. Hatte der Verein
anfangs nur rund 20 Mitglieder in Neapel, so sind es gegenwärtig
mehr als 700 Pizzerien und Restaurants auf allen Kontinenten,

Pizza Margherita

welche die strengen Auflagen der *Associazione* erfüllen. Vier davon finden wir in Österreich: eine Pizzeria in Feldkirch und drei Pizzerien in Wien.

Sicherlich kann man auch in vielen anderen italienischen Restaurants und Pizzerien in unserem Land ausgezeichnete Pizzen essen. Die Auswahl an Lokalen ist riesig: Ein Blick in einige Branchenverzeichnisse zeigt – je nach Anbieter – zwischen 1100 und 1800 Einträge, das »Firmen A–Z« der Wirtschaftskammer bringt immerhin 178 Treffer.

Doch was ist das schon im Vergleich zur Pizza-Stadt Neapel, die an die 500 Pizzerien beherbergen soll. Neapel gilt als jener Ort, von dem aus die Pizza ihren Siegeszug rund um die Welt angetreten hat. Wann sie tatsächlich entstanden ist, lässt sich nicht leicht beantworten: Es gibt Hinweise, dass schon die Ägypter und Babylonier belegte und im Ofen gebackene Teigfladen gegessen haben. Auch in Pompeji bei Neapel sollen zu Zeiten der Römer bereits Vorläufer der heutigen Pizza verzehrt worden sein.

Wurde in Neapel bereits im 18. Jahrhundert eine Pizza, wie wir sie heute kennen, gebacken? Stammt das älteste gedruckte Pizza-Rezept tatsächlich aus dem Jahre 1858? Fragen über Fragen …

Das Wort »Pizza« soll jedenfalls aus dem neapolitanischen Dialekt stammen. Ursprünglich galt dieses einfache und billige Gericht als »Arme-Leute-Essen«, das in Neapel von fliegenden Händlern im Straßenverkauf angeboten wurde; man aß es – wie vielerorts noch heute durchaus üblich – im Stehen aus der Hand. Das Servieren in Lokalen kam erst später auf: Die erste Pizzeria im heutigen Sinne wurde wahrscheinlich 1830 eröffnet und existiert noch immer als *Antica Pizzeria Port'Alba*.

Unabhängig vom Ort des Verzehrs gilt die »Pizza Margherita« als bekannteste und einfachste Pizza – nicht nur in Italien. Zahlreiche Versionen der Legende ihrer Entstehung sind im Umlauf. Im Mittelpunkt steht Margherita di Savoia, die ab 1868 Gemahlin des späteren italienischen Königs Umberto I. war und für die in Neapel eine Pizza mit Basilikumblättern (grün), Tomaten (rot) und Mozzarella (weiß) belegt wurde. Diese »patriotische Pizza« in den drei Farben der italienischen Flagge (»Tricolore«) wurde – darin stimmen mehrere Autoren überein – nach der Königin benannt. Datiert wird diese »Erfindung« auf den Juni 1889, als das Königspaar in der auf einem Hügel Neapels gelegenen Sommerresidenz Capodimonte den Sommer verbrachte. Der neapolitanische Pizzabäcker Raffaelle Esposito soll dem Königspaar damals drei verschieden belegte Pizzen serviert haben: eine davon mit der Tricolore, einer Zubereitungsart, die zu dieser Zeit in Neapel schon bekannt war. Von dieser Begebenheit – die als Geburtsstunde der Pizza Margherita gilt – berichtet eine Marmortafel an einem Haus an der Via Chiaia Ecke Salita S. Anna di Palazzo, in dem schon seit 1780 Pizzen gebacken werden. Die heute dort befindliche *Pizzeria Brandi – Antica Pizzeria della Regina d'Italia* geht auf Enrico Brandi zurück, den Schwiegervater Raffaelle Espositos. Wie sich die Geschichte rund um die Königin wirklich zugetragen hat und ob Esposito damals tatsächlich zum ersten Mal Mozzarella als Pizza-Belag verwendet hat, ist nicht belegt. Der heutige Besitzer der Pizzeria Brandi wirbt jedenfalls nicht nur mit der Gedenktafel um Gäste; im Lokal kann man auch ein Dank-

Eine Pizzeria in der Wiener Innenstadt

schreiben des königlichen Hofes für die Lieferung der »Pizze buonissime« aus dem Jahr 1889 bewundern.

So schwierig die Fragen nach der »Erfindung der Pizza« und der ersten Pizzeria in Neapel zu beantworten sind, so unklar ist die Geschichte der Pizza und der Pizzerien in Österreich. Verwundert nehmen wir zur Kenntnis, dass bereits in den 1930er-Jahren Pizzen in Österreich angeboten wurden. So bewarb im Oktober 1938 die »Taverna Est« in der Salzburger Festungsgasse ihr Lokal mit der »neuen Spezialität: Pizza Napolitaner«, die schon einen Monat später korrekter als »Pizza Napolitana« bezeichnet wurde. Wann das erste Lokal in Österreich unter der Bezeichnung »Pizzeria« eröffnet wurde, ist nicht ganz eindeutig zu beantworten. Erst Mitte der 1970er-Jahre sperrten zwei Lokale unter dem Namen »Pizzeria« auf, die – soweit man das heute noch nachweisen kann – unter den ersten in Österreich gewesen sein müssen: im Jahr 1974 die »Pizzeria Grado« in der Beatrixgasse im dritten Wiener Gemeindebezirk, die von einem Österreicher betrieben wurde und bald 22 verschiedene Pizzen anbot, und 1975 die »Pizzeria Il Mare«, die vom Südtiroler Pasquale Tavella in der Zieglergasse im siebenten Bezirk gegründet wurde und noch heute von seiner Familie geführt wird.

Ganz gleich, wie alt die Pizza ist, wer sie »erfunden« hat und seit wann es sie in Österreich gibt: Der Besuch einer Pizzeria und der

Genuss einer knusprigen Holzofenpizza bei italienischer Hintergrundmusik ist für viele Österreicher ein probates Mittel, sich ins Land ihrer Träume zu zaubern.

Von der Oper zum Kaffeehaus – die Tomasellis

»Herr Tomaselli, ein seit Kurzem aus Salzburg hierher berufener, bey der k. k. Hofcapelle angestellter Sänger, ist ein Tenor von vorzüglicher Schönheit, und besitzt nebst einer Stimme von großem Umfange, sehr gründliche musikalische Kenntnisse, und gehört dadurch unter die besten Professoren des Gesanges in dieser Hauptstadt [Wien].« Mit diesem kurzen Beitrag in der periodisch erscheinenden Publikation *Vaterländische Blätter für den österreichischen Kaiserstaat* aus dem Mai 1808 beginnt jedoch nicht die Geschichte einer Opern-, sondern die einer Kaffeehauslegende: des »Café Tomaselli«, einer Salzburger Institution mit italienischen Wurzeln. Der hier erwähnte Hofmusiker Giuseppe (Joseph)

Das Café Tomaselli am Alten Markt in der Stadt Salzburg

Tomaselli (1758–1836) kam 1781 nach Salzburg, in die Hauptstadt des damaligen Fürsterzbistums gleichen Namens. Geboren worden war er in Rovereto nahe dem Gardasee (Provinz Trient). Nachdem er seine berufliche Tätigkeit als Sänger in Mailand begonnen hatte, verpflichtete der Salzburger Fürsterzbischof Hieronymus Graf Colloredo den talentierten Künstler 1781 als Hoftenor der Salzburger Hofkapelle. 25 Jahre blieb Giuseppe in der Stadt an der Salzach – als Sänger und gefragter Gesangslehrer. Als das Fürsterzbistum Salzburg Anfang des 19. Jahrhunderts in das österreichische Kaiserreich eingegliedert und die fürsterzbischöfliche Hofkapelle aufgelöst wurde, wechselte Tomaselli 1807 als »k. k. Hofcapellen-Sänger« in die Residenzstadt Wien.

Doch wie kam nun die Familie des Sängers Giuseppe Tomaselli zu einem Kaffeehaus in Salzburg? Zur Beantwortung dieser Frage gehen wir zurück in das Jahr 1800, in dem der verwitwete Sänger die 25-jährige Kaffeehausbesitzerin Antonia Honikel heiratete, die als Stieftochter eines Cafetiers ein »Kaffeesiederstöckl« (ein kleines Gebäude) in der Salzburger Getreidegasse geerbt hatte. Da sie selbst keine entsprechende Ausbildung vorweisen konnte, wurde vorerst eine eigene Geschäftsführung eingesetzt. Als einer ihrer Söhne, Carl (1809–1887), in Wien das Zuckerbäckerhandwerk erlernte, schenkte ihm seine Mutter das Kaffeehaus in Salzburg. Mit dem 1834 durch den Magistrat genehmigten Betrieb des nun selbstständig arbeitenden Zuckerbäckers Carl Tomaselli begann die Erfolgsgeschichte des legendären »Café Tomaselli« in Salzburg. Nachdem Carl das Café am Standort Getreidegasse 18 Jahre lang geführt hatte, konnte er 1852 zusätzlich das Staigerische Kaffeehaus am Alten Markt erwerben, welches von der Cafetier-Familie Staiger bereits im Jahr 1700 in der Goldgasse gegründet worden und 1764 auf den Alten Markt übersiedelt war. Dort wird es seit der Übernahme durch Carl Tomaselli bis zum heutigen Tag unter dem bekannten Namen »Café Tomaselli« betrieben. Aber nicht allein das erfolgreiche Bestehen dieses Kaffeehauses über mehr als eineinhalb Jahrhunderte ist beeindruckend. Es erstaunt auch der

Umstand, dass – wenn man die vorhergehenden Eigentümer mitrechnet – das Café Tomaselli das älteste, mit einer kleinen Ausnahme durchgehend geöffnete Kaffeehaus Österreichs ist. Wie der Historiker Gerhard Ammerer Anfang des 21. Jahrhunderts nachweisen konnte, geht die Tradition des Kaffeehauses – wie erwähnt – auf das Jahr 1700 zurück, und nicht – wie an der Fassade des Hauses am Alten Markt angegeben – auf das Jahr 1703.

Wie Carl Tomaselli sein Café am Alten Markt und sein Zuckerbäckergeschäft in der Getreidegasse bewarb, zeigt eine Inseratenserie im März 1865 in der *Salzburger Zeitung*: »Gefertigter macht hiemit die ergebenste Anzeige, daß sein Zuckerbäcker-Verkaufs-Lokale in der Getreidgasse Nr. 249, gegenüber dem Gasparottischen Kaffeehause, neu restaurirt wurde, und daselbst alle Gattungen Bäckereien täglich frisch und in bester Qualität zu den billigsten Preisen zu bekommen sind. Bestellungen aller Gattungen Bäckereien, Torten und Gefrornen werden daselbst angenommen und pünktlich ausgeführt. Theils durch die billige Preiseintheilung, hauptsächlich aber in dem ebenfalls neu eingerichteten Arbeits-Lokale alles frisch erzeugen zu können, glaube ich meinen geehrten Abnehmern am Besten entgegen zu kommen. Indem ich zugleich für das mir bisher geschenkte Vertrauen danke, empfehle mich zu fernerem gütigen Zuspruch ergebenst Carl Tomaselli, Zuckerbäcker.« Ungeachtet der Bescheidenheitsfloskeln war Carl zu diesem Zeitpunkt bereits sehr angesehen und konnte auf viele Jahre Erfahrung zurückgreifen.

1874 übergab er im Alter von 65 Jahren den Betrieb an seinen Sohn gleichen Namens. Jahre zuvor hatte er seinen Betrieb vergrößert: durch den Bau eines Kiosks gegenüber dem Lokal, von dessen Anziehungskraft die *Salzburger Zeitung* im August 1860 berichtete: »Sowie die Phisiognomie unserer Stadt seit Eröffnung des Eisenbahnverkehres [die Kaiserin Elisabeth-Bahn zwischen Wien und Salzburg] durch die zahlreichen Fremden eine großstädtischere geworden ist, so suchen die hiesigen Bewohner auch fortwährend ihre Häuser, öffentlichen Lokalitäten und Kaufläden

»Beliebtes Rendezvous«: der Kiosk Tomaselli schräg gegenüber dem Café

zu verschönern. Der elegante Pavillon Tomasellis auf dem Markt-
platze bildet bereits ein beliebtes Rendezvous der Touristen […].«
Der Kiosk, der heute an diesem Ort steht, ist allerdings ein Neubau aus dem Jahre 1910.

Mit dem in der Zeitung angesprochenen Touristenboom stieg
die Nachfrage im Café am Alten Markt, und so ließ Carl Tomaselli
junior im Jahr 1894 die Fassade und das Innere umbauen. Die
Pläne für den Umbau stammten ebenfalls von einem gebürtigen
Italiener, dem in Gemona del Friuli (Region Friaul-Julisch Venetien) geborenen Baumeister und Architekten Jakob Ceconi (1857–
1922), dessen Eltern kurz nach seiner Geburt nach Salzburg übersiedelt waren. Seine Firma *Valentin Ceconi & Sohn*, die bereits sein
Vater gegründet hatte, war damals eines der bedeutendsten Bauunternehmen in Österreich.

Nach dem Ende des Zweiten Weltkrieges machte das Café Tomaselli turbulente Zeiten durch: Die US-Amerikaner richteten in
einem Teil des Erdgeschoßes eine Erste-Hilfe-Station ein. Sie führten das Café zuerst als »Forty Second Street Cafe« und später als

»Flamingo Club« weiter – mit Kaffee in Plastikbechern. Im Sommer 1950 wurde das Kaffeehaus von der Familie Tomaselli als traditionelles Café wiedereröffnet und wird heute noch immer von den Tomasellis – mittlerweile in der fünften Generation – geführt. Welches Kaffeehaus auf der Welt kann das schon von sich behaupten …

Heiße Grüße aus dem Süden: Maroni

Lateinisch heißt der Baum *Castanea sativa*. Doch im deutschsprachigen Raum kennt man diese Baumart fast ausschließlich über ihre Früchte. Die Rede ist von den Maroni (italienisch: Marroni) und dem Esskastanienbaum, der auch als Edelkastanie – zur Unterscheidung von der mit ihm nicht verwandten Rosskastanie – bezeichnet wird.

In Italien wie auch im übrigen Südeuropa wird die Edelkastanie als Obstbaum kultiviert, in Gebieten mit mildem Klima kann sie aber auch ohne menschliches Zutun wild aufkommen. In Öster-

Vielseitige Köstlichkeit: die Nüsse der Esskastanie (Maroni) in ihrem Fruchtbecher

reich dürfte sie ursprünglich nicht heimisch gewesen sein; in milden Lagen mit hohen Sommertemperaturen konnte sie aber angepflanzt werden. Als »Importeure« werden die Römer vermutet. Das größte nördliche Vorkommen in Österreich von – eher strauchartig wachsenden – Esskastanien findet sich im Gebiet des Eichberges (Gemeinde Gloggnitz) an der niederösterreichischen Semmeringbahn.

Südlich der Alpen können Esskastanien bei einem Stammdurchmesser bis weit über einem Meter ein Alter von über 500 Jahren erreichen, in unseren Breiten werden sie nie so alt. Das Holz wird noch heute für Rebstöcke oder Zaunpfähle und – da es gegen Feuchtigkeit widerstandsfähig ist – im Schiffsbau und bei der Herstellung von Fassdauben verwendet. In den südlichen Ländern erfährt das der Eiche ähnliche Holz eine hohe Wertschätzung: Es wird zur Herstellung von Möbeln, Furnieren, Parkettböden und Musikinstrumenten genutzt. Vor allem in der Toskana und in Umbrien dient es als Bau- und Konstruktionsholz (zum Beispiel für Dachbalken). Aufgrund des hohen Gerbstoffgehalts wurde die Edelkastanie in den Mittelmeerländern über Jahrhunderte auch als Gerbstofflieferant verwendet. In den Alpenländern setzt man das Holz hingegen bei der Lawinenverbauung und der Sicherung von Böschungen ein.

Auffällig sind neben den grob gezähnten, dunkelgrünen Blättern die Früchte: meist zwei oder drei glänzend rotbraune Nüsse in einem weichstacheligen Fruchtbecher, der sich am Boden mit vier Klappen öffnet. Die stärkereichen Früchte werden in Italien traditionell als Nahrungsmittel verwendet: Die Maroni röstet man, kocht sie in Wasser, dämpft sie im Backofen oder verarbeitet sie zu Mehl oder Mus. Kastanien galten in einigen Regionen Italiens, unter anderem im Friaul, in der Toskana und in Umbrien, über Jahrhunderte als Hauptnahrungsmittel. Die Kastanienernte – meist zwischen Ende September und Ende Oktober – war genauso wie die Olivenernte ein gesellschaftliches Ereignis und Fixpunkt im ländlichen Leben. Davon zeugen heute noch zahlreiche »Sagre di Castagne«, wie die örtlichen Kastanienfeste genannt werden, bei denen die Maroni in all ihren kulinarischen Facetten präsentiert werden.

Die Kastanien waren äußerst vielseitige Nahrungs-, Energie- und Rohstofflieferanten: Ihre Blätter wurden an Schweine und Hühner verfüttert und die Schalen zum Anzünden des Kamin- und Ofenfeuers verwendet. In harten Zeiten braute man auch ein Getränk daraus, indem man sie trocknete, rieb und wie Kaffee mit heißem Wasser aufgoss. Die Nüsse aß man entweder gekocht oder trocknete sie und ließ sie in einer Mühle zu Kastanienmehl mahlen, aus dem man gehaltvolle Speisen zubereiten konnte. Weit verbreitet war das sogenannte Baumbrot (*pane d'albero*), das im Winter eine wichtige Nahrungsgrundlage bildete. Es bestand aus gemahlenen Kastanien, Wasser und etwas Hefe und war so hart, dass es vor dem Verzehr in Wasser eingeweicht werden musste, was ihm auch die Bezeichnung Holzbrot (*pane di legno*) bescherte. Eine feinere Variante davon hat sich bis heute in der italienischen Küche erhalten: der *Castagnaccio*, ein köstlicher toskanischer Kuchen aus Kastanienmehl, Pinienkernen, Rosinen und Rosmarin.

Am besten Sie probieren ihn – nach einem Rezept von Daniela Braun – gleich selbst aus:
- 300 g Kastanienmehl
- 1 Prise Salz
- 3 Glas Wasser
- 7 Esslöffel kaltgepresstes Olivenöl
- 30 g Pinienkerne
- 50 g Rosinen
- 1 Zweig frischer Rosmarin
1. Das Kastanienmehl sieben und zusammen mit Salz und Wasser mit einem Schneebesen zu einem flüssigen, klumpenfreien Teig verarbeiten.
2. Danach das Olivenöl unterrühren und schließlich drei Viertel der Pinienkerne sowie der Rosinen hinzugeben.

3. Den Teig auf ein vorher mit Olivenöl eingeöltes Backblech geben und darüber die restlichen Pinienkerne und Rosinen streuen, den Rosmarin zupfen.
4. Bei dieser Menge reicht ein kleines Backblech aus. Es sollte allerdings darauf geachtet werden, dass die Teighöhe nicht mehr als zwei Zentimeter misst.

Der Castagnaccio ist dann fertig, wenn seine Oberfläche reißt. Er sollte möglichst lauwarm verzehrt werden und kann abgedeckt drei bis vier Tage aufbewahrt werden.

Maronibrater in
Wien um 1910

Jetzt stellt sich die Frage, seit wann bei uns in Österreich Maroni als Nahrungsmittel verwendet werden. Eine Möglichkeit zur Beantwortung dieser Frage führt über frühe Zeitungsinserate. In der *Wiener Zeitung* findet sich im November 1786 eine bezahlte Mitteilung, dass der Bozener »Früchthändler« Joseph Bodner »mit den schönsten und von der besten Qualität aller Sorten Tyrollerfrüchte [Früchte aus Tirol] alhier [am Fleischmarkt in Wien] angekommen [ist], und verkauft solche um die billigsten Preise: als weisse Rosmarinäpfel, rothe deto, Muskatel oder Pantafel, Maschanzger, Kaiseräpfel, Zitronibirn, Quitten, Märgränten, Lazerolli und Maroni oder Kastanien.« Der sich als Verkäufer von »Tyrollerobst« bezeichnende Bodner lässt sich auch noch in den 1790er-Jahren in Wien nachweisen.

Heute sind die »Maronibrater« in ganz Österreich ab dem Herannahen der kühleren Jahreszeit aus dem Straßenbild nicht mehr wegzudenken. Sie dürften bereits um die Mitte des 19. Jahrhunderts in den Städten zu finden gewesen sein. Wie auch die Straßenverkäufer anderer Lebensmittel fielen sie durch einen Kaufruf auf: »Marroni arrostiti« (geröstete Maroni). Die Anzahl der Maronibrater erhöhte sich über die Jahrzehnte; Anfang der 1870er-Jahre zählte man alleine in der Residenzstadt Wien rund 500 von ihnen. Dies dürfte ein Grund gewesen sein, dass diejenigen Standler zur Kasse gebeten wurden, die auf Flächen des vom Innenministerium verwalteten Stadterweiterungsfonds ihre Glutöfen aufstellten. Der Staat mehrte damit seine Einnahmen und regulierte so indirekt auch den Markt der Anbieter. Auf öffentlichen Flächen, die hingegen dem Magistrat der Stadt Wien unterstanden, wurde den Maronibratern der sogenannte Platzzins erlassen. Doch das Beispiel des Stadterweiterungsfonds machte bald Schule. Im Jahr 1874 beantragte der Magistrat beim Wiener Gemeinderat, dass auch von Maronibratern auf öffentlichen Flächen im Eigentum der Stadt ein Platzzins – von mindestens fünf Gulden – einzuheben sei. Leiser Protest regte sich. So hieß es im September 1874 in der *Morgen-Post*: »Nun werden auch die Maronibrater besteuert! Das ›Maronibraten‹ wurde früher in Wien als ›freie Kunst‹ betrachtet und nicht besteuert, weil, wie es in den amtlichen Erhebungen über die Maronibraterfrage hieß, sich nur ›der ärmste Theil der Bevölkerung diesem Geschäfte widmet‹. Schlechte Beispiele aber verderben gute Sitten und weil der ›Stadterweiterungsfonds‹ anfing, auf den Plätzen, über welche er Gewalt hatte, auch die

Maroniduftverbreiter zu besteuern, folgte der Magistrat und hebt nun fünf Gulden für jedes ›Kastanien-Oeferl‹ ein.« Wie wir heute wissen, hat diese Steuer der Maronibraterei nicht sehr geschadet, und so können wir noch heute auf vielen öffentlichen Plätzen der Städte und auf Weihnachtsmärkten geröstete Maroni erstehen. Bis heute kommen die meisten davon aus Italien.

Gelato! Gelato!

»Gelato! Gelato!« Dieser Ruf weckt in vielen Menschen Kindheitserinnerungen an Badeurlaube an der Adria, an Sonne, Strand, Meer – und ein köstliches Eis. Wieder daheim, freute man sich auf einen Besuch im Eissalon, der meist einen wohlklingenden italienischen Namen hatte und in dem man genüsslich den Erinnerungen an den Süden nachhängen konnte. Das Eis schmeckte tatsächlich so gut wie in Italien – und daran hat sich bis heute nicht viel geändert – kein Wunder, denn seit Jahrzehnten prägen Italiener die österreichische Speiseeiskultur.

Die ersten, die in Europa die Kunst der Speiseeiserzeugung beherrschten, waren die Sizilianer. *Scherbet* – Halbgefrorenes – hieß die erfrischende Köstlichkeit, die von China über Indien, Persien und den arabischen Raum den Weg nach Europa gefunden hatte. In Sizilien wurde das *sorbetto* im 16. Jahrhundert aus Schnee und Salz (es ist tatsächlich richtiger Schnee gemeint und nicht Schnee aus Eiklar!) im Verhältnis 1 zu 3 hergestellt, während man in Florenz das heute beliebte cremige Speiseeis – *il gelato* – erfand: Es sollen zwei Florentiner gewesen sein, die für einen Kochwettbewerb der Familie Medici erstmals eine gefrorene Mischung aus Eierlikör, Sahne und Obst zubereiteten. Als einer von ihnen nach Paris übersiedelte, hielt die neue Spezialität am französischen Hof Einzug und soll sich zur Zeit des Sonnenkönigs Ludwig XIV. beim Adel großer Beliebtheit erfreut haben. Damals beherrschten nur wenige Fachleute die schwierige und kostspie-

Eine »Gelateria« in
Krems an der Donau

lige Herstellung von Speiseeis, das demzufolge dem Adel und der
reichen Bürgerschaft vorbehalten war.

In Wien konnte man das »Gefrorene« ab dem 18. Jahrhundert
in den sogenannten Limonadenzelten und Sommerkaffeehäusern
genießen. Zwei dieser beliebten Lokale wurden von den Italienern
Giovanni Taroni (gestorben 1777) und Giovanni Milani (1729–
1808) am Graben und am Kohlmarkt beziehungsweise auf der
Burgbastei betrieben. Dort durften Erfrischungsgetränke, Früchte
in Wein und »Gefrorenes« serviert werden, welches bereits in
einer großen Auswahl an Sorten – von verschiedenen Früchten
über Mandeln bis Vanille und Schokolade – angeboten wurde.
Auch in Kaffeehäusern konnte man immer öfter Eis bestellen.

Diejenigen, die das Eis für den »kleinen Mann von der Straße«
erschwinglich machten, waren allerdings die italienischen Eis-
männer, die *gelatieri*. Unter den Zuwanderern aus verschiedenen
Berufsgruppen, die von Italien nach Wien kamen, findet man im

Wiener Stadtarchiv in Akten aus dem 16. Jahrhundert auch einen Eisverkäufer. Der große Zustrom begann allerdings erst im 19. Jahrhundert, als *gelatieri* vor allem aus den Bergtälern des Trentino und der südlichen Dolomiten in Venetien in die Reichshauptstadt kamen. Besonders viele stammten aus den Gemeinden Zoppè di Cadore und Val di Zoldo im gleichnamigen Tal (Provinz Belluno) – ein typisches Beispiel für ein norditalienisches Auswanderertal. Dessen Bewohner waren – wie viele andere Alpenbewohner – immer schon saisonal in anderen Gegenden Europas tätig, wobei sie sich bald auf die Speiseeisproduktion und den Verkauf dieses Produktes spezialisierten. Vermutlich begann diese Entwicklung damit, dass Giulio Mattiuzzi aus Zoppè di Cadore bei einem Sizilianer in Venedig die Kunst der Speiseeiserzeugung erlernte. Mit dieser Kenntnis ging er nach Wien, wo er mit einer eigenen Eisproduktion begann und später 60 Mitarbeiter beschäftigte, die in verschiedenen Städten des Reiches Eis verkauften.

Anfangs waren die *gelatieri* noch mit Butten auf dem Rücken von Tür zu Tür unterwegs, um ihre Eisprodukte, die sie zuvor in kleinen gemieteten Räumen unter stundenlangem Rühren nach überlieferten Rezepturen aus Eisblöcken und Naturprodukten hergestellt hatten, zu den Kunden zu bringen. Der erste, der 1865 in Wien einen Antrag zum Verkauf von Speiseeis an einem fixen Standplatz im Prater stellte und dort – von seinem Handwagen (dem *carrettino*) aus – Eis verkaufte, war Antonio Tomea Bareta, der ebenfalls aus dem Val di Zoldo stammte. Als Bareta 1874 nach Leipzig weiterzog, überließ er seinen Posten italienischen Landsleuten. Der Erfolg dieser Männer führte dazu, dass immer mehr Talbewohner in die Residenzstadt Wien gingen, wo sie als Untertanen des österreichischen Kaisers leicht eine Arbeitserlaubnis erhielten.

In den 1880er-Jahren fand man in Wien bereits eine größere Zahl italienischer Eisverkäufer vor, welche ihre Erzeugnisse während der Sommermonate anboten. Da die Anzahl der Anbieter von »Gefrorenem« kontinuierlich stieg, kam es bald zum Konflikt mit den alteingesessenen Konditoren. So erging 1888 aus dem Ministerium für Inneres im Einvernehmen mit dem Handelsministerium ein Erlass, der festlegte, dass die gewerbsmäßige Erzeugung von Gefrorenem ausschließlich den Zuckerbäckern und jenen Gastgewerbeinhabern zukomme, welchen die Berechtigung zur Verabreichung von Speisen und Getränken zusteht.

Trotz der Querelen um ihr Gewerbe hielten sich die italienischen *gelatieri* in Wien. Nachdem der Verkauf mit dem *carrettino* stark eingeschränkt worden war, mussten sie jedoch bald eigene Verkaufsgeschäfte betreiben. So eröffnete der Zoldaner Arcangelo Molin Pradel, der in Wien als Salamiverkäufer begonnen und sich später einen Eiswagen zugelegt hatte, im Jahr 1906 ein Eisgeschäft am Wiener Schwedenplatz, das sich bis heute im Besitz seiner Nachkommen befindet. In diesem, wie in vielen anderen Familienbetrieben, werden täglich Dutzende Eissorten aus Naturprodukten frisch zubereitet.

Ein originales Stück Italien in »bella Austria«: Wiener Eissalon

Um eine eigene, starke Vertretung bei den Behörden zu haben, entstand 1927 mit Unterstützung der Wiener Handelskammer ein eigener Verein der italienischen Eishersteller: die »Corporazione Gelatieri Italiani Vienna«, die noch heute unter dem Namen »Associazione dei gelatieri Italiani in Austria – Vereinigung der

Italienischen Gefrorenes-Erzeuger in Österreich« besteht. Der Verein zählt gegenwärtig rund 50 Mitglieder, von denen die meisten in Wien leben und arbeiten. Er hat sich eine klare Abgrenzung der handwerklichen gegenüber der industriellen Eisherstellung und die Garantie für original italienisches Eis zum Ziel gesetzt.

Auch nach dem Zweiten Weltkrieg gingen Italiener nach Wien, um Eis herzustellen und zu verkaufen. So kam beispielsweise 1971 Luciano Zanoni aus seinem Geburtsort Riva am Gardasee nach Wien, wo der Name Zanoni noch heute in aller Munde ist.

Die Mehrheit der italienischen Speiseeiserzeuger und -verkäufer hierzulande arbeitet vom Frühling bis in den Herbst in Österreich und kehrt in der kalten Jahreszeit in ihre Heimat zurück. Dort sind viele in den nahen Wintersportorten der Dolomiten im Tourismus und in Skischulen tätig: winterlicher Schnee als perfekte Ergänzung zum sommerlichen Eis; bis es – wie im Sommerhit 1981 von Babsi Balou (bürgerlicher Name: Sabine Chalupa) – wieder heißt: »Ab jetzt ist Hochsaison – va bene – im Eissalon – va bene – …«

Das schwarze Lebenselixier

Der *barista* mahlt auf Knopfdruck die exakte Menge gerösteter Bohnen, drückt das Pulver sorgfältig in das kleine Sieb und dreht dieses mit einer eleganten Bewegung in die Maschine. In weniger als einer Minute steht das belebende Elixier schwarz, dampfend und verführerisch duftend auf der Theke. Es soll Menschen geben, die für diese Augenblicke eine Reise nach Italien auf sich nehmen – was möglicherweise nichts anderes als eine gute Ausrede dafür ist, das Land der Träume aufzusuchen. Guten italienischen Kaffee können wir schließlich – wenn auch deutlich seltener – genauso gut in Österreich bekommen.

Was in Italien schlicht als *caffè* bezeichnet wird, kennen wir unter dem Namen *Espresso*. In Wiener Kaffeehäusern wäre der

Eine Tasse Espresso: italienisches Lebenselixier

kurz als »Ober« bezeichnete Kellner sehr irritiert, würde man schlicht einen »Kaffee« bestellen: Kenner wissen rund 50 verschiedene Zubereitungsarten des belebenden Getränkes aufzuzählen – vom *kleinen Braunen* über die *Melange* bis hin zum *Einspänner*. Uns interessiert in all der Vielfalt vor allem einer: der puristische *Espresso* mit seinen italienischen Wurzeln.

Der *caffè espresso* soll um 1900 in Mailand erfunden worden sein. Das Ritual seiner Zubereitung in einer speziellen Espressomaschine reicht vom Mahlen der Kaffeebohnen über das sorgfältige Andrücken des Kaffeemehls bis hin zur Wahl der richtigen Temperatur und des richtigen Druckes in Kombination mit der perfekten Durchlaufzeit des Wasserstrahls. In der Regel dauert es 25 bis 30 Sekunden, bis das Wasser durch eine Portion von sieben Gramm Kaffee gepresst ist. Das Resultat ist für Kenner die Quintessenz des Kaffees: ein samtig-schwarzes Konzentrat mit einer cremigen Schicht an der Oberfläche. Obwohl der Espresso sehr stark aussieht, ist er für viele Trinker verträglicher als Kaffee anderer Zubereitungsarten: Durch die stärkere Röstung und die schnelle

Zubereitung enthält er weniger Koffein als beispielsweise der in Mittel- und Nordeuropa beliebte Filterkaffee.

Apropos schnell: Die Bezeichnung *espresso* hat nichts mit *express*, also »schnell« zu tun, obwohl sich Liebhaber der alten Wiener Kaffeehauskultur dieses Eindrucks nicht erwehren konnten. In den 1920er-Jahren eröffneten in Wien die ersten Lokale, die sich »Café Espresso« nannten, wobei einige Zeitgenossen die neue Kultur des Kaffeetrinkens mit Skepsis betrachteten, wie Friedrich Torberg noch nach der zweiten Errichtungswelle in den 1950er-Jahren in seinem *Traktat über das Wiener Kaffeehaus* (1959) festhielt: »Als vor etwa einem Jahrzehnt die ersten ›Espresso‹ geheißenen Lokale sich auftaten, gebärdeten sie sich als völlig neuer Typ, taten wenig für die Bequemlichkeit und alles für die Eile des hastigen Großstädters, hießen ihn seine Konsumation im Stehen oder bestenfalls auf Barhockern vertilgen, offerierten unter schaurig eisgekühltem Glas allerlei vertrockneten Imbiß und ließen sich's überhaupt angelegen sein, ihrer Bezeichnung in jeder Weise gerecht zu werden.«

Dabei leitet sich das Wort *espresso* vom italienischen *esprimere* (ausdrücken) ab, wobei man sich bis heute nicht einig ist, ob damit einst die Zubereitung des Kaffees auf Bestellung – also auf *ausdrücklichen* Wunsch – oder das schnelle *Durchdrücken* des Wassers in der Maschine gemeint war. Um Schnelligkeit und Eile beim Kaffeetrinken ging es dabei jedenfalls nicht – was sich der Verfasser des Artikels »Cafe Espresso« in der *Wiener Morgenzeitung* vom 12. September 1925 auch nur schwer vorstellen konnte: »In Wien klingt vor allem das Attribut ›espresso‹ einigermaßen paradox. In Wien wird nichts espresso erledigt, nicht einmal die Expreßbriefe. Und gerade der Kaffee sollte in Eile zubereitet, in Eile getrunken werden?« Ähnliches konnte man auch in der *Kleinen Volks-Zeitung* im Juni 1925 im Beitrag »Im Expreßcafé« lesen: »Trotz aller Gemütlichkeit […] in einem schönen Kaffeehaus gibt es in Wien genug Menschen, die viel und angestrengt arbeiten und ›wenig Zeit‹ haben. Diese Eiligen bezeichnet der Volksmund mit dem Spottnamen ›die Pressierten‹. [...] Diesen ›Pressierten‹ winkt nun Rettung: im ›Expreßcafé‹. Das eigentlich besser ›Expreßbüfett‹ heißen sollte. Wenn man die stark vernickelte Dampfkochmaschine erblickt, die das Haupteinrichtungsstück des für Wien neuartigen Unternehmens bildet, denkt man zunächst wohl an Amerikanisierung des Wiener Kaffeehausbetriebes. Allein die ›Espresso‹-Maschine ist italienischen Ursprunges. In ihrem Inneren kochet und brauset und zischt es ununterbrochen. Trockendampf bringt Wasser zum Kochen, und aus dünnen Röhrchen träufelt es als aromatisch duftender Kaffee vor den Augen der Pressierten in die Schalen. [...] Die Erholungsstätte der Pressierten, vorläufig die einzige ihrer Art, erfreut sich begreiflicherweise lebhaften Zuspruches, weil es in Wien doch genug Leute gibt, die keine Zeit haben.«

Inserat im *Wiener Salonblatt*, März 1936

So groß die Aufregung und die Sorge um die Kaffeehauskultur auch waren: Die neu entstandenen *Espressi* bedeuteten damals genauso wenig das Ende der Traditionscafés wie ab den 1990er-Jahren der Einzug amerikanischer Fastfood- und Kaffeehaus-Ketten. So wurde etwa das Café Diglas in der Wiener Wollzeile Ende der 1950er-Jahre in ein Espresso (und 1964 in ein Restaurant) umgewandelt, jedoch 1988 unter Hans Diglas in ein Wiener Kaffeehaus zurückgebaut.

Diese Entwicklung hätte den bereits erwähnten Autor des Artikels »Cafe Espresso« in der *Wiener Morgenzeitung* vom September 1925 vermutlich nicht überrascht: »Der Cafe Espresso hat

Ein Wiener Café mit italienischem Namen

einen gefährlichen Feind – das Wiener Kaffeehaus. Was in anderen Ländern ziemlich usuell, daß man nämlich ins Kaffeehaus geht, um Kaffee zu trinken, ist in Wien absurd. Man geht ins Kaffeehaus, um zu telephonieren, um zu schreiben, um Briefe zu holen, um Zeitungen zu lesen, um stundenlang zu sitzen […]. Hat nun hier die wenig ortsübliche Einrichtung der Cafe-Espresso-Bar, die sich hier und dort bereits – als Verlassenschaft des seligen Automatenbüffets – niedergelassen hat, eine solide Zukunft? Hat sie die notwendigen Eigenschaften, sich einzubürgern? Hat Wien zu solchen südlichen Plantagen das reifende Klima, das Temperament, das Publikum, den Breite-, Wärme- und Eigenschaftsgrad?«

Wenn sich auch die Espressolokale nicht durchsetzen konnten, die Espressomaschinen konnten es: In den Wiener Kaffeehäusern wird heute in der Regel Kaffee aus italienischen Maschinen serviert, und der früher übliche aufgebrühte Filterkaffee wird meist nur noch als Frühstückskaffee angeboten. Als Erfinder der Maschine gilt der Turiner Angelo Moriondo, der im Jahr 1884 ein Patent auf eine »neue Dampfmaschine zur wirtschaftlichen und prompten Zubereitung von Kaffee« anmeldete und diese im selben Jahr auf der Turiner Messe ausstellte. 1901 verbesserte Luigi Bezzera die Erfindung Moriondos und entwickelte zusammen mit Desiderio Pavoni die ersten kommerziell erzeugten Maschinen.

In Wien wurde man in den 1920er-Jahren auf die Espressomaschine aufmerksam. Im März 1924 berichtete die *Wiener Morgenzeitung* von dem großen Interesse, das die Maschinen auf der Wiener Messe auf sich gezogen hatten, und von der Gründung einer »Espresso-Automatengesellschaft m. b. H.«, die es sich zum Ziel gesetzt hatte, auf öffentlichen Plätzen in Wien feste und ambulante Kaffeeschenken zu errichten, die unter anderem von Kriegsinvaliden betrieben werden sollten.

Zum Schluss stellt sich die Frage, warum der Espresso oder der Cappuccino in der Regel in jeder kleinen italienischen Bar besser schmeckt als in einem traditionellen österreichischen Kaffeehaus. Liegt es an der Kaffeemaschine oder doch nur an der gewählten Kaffeebohne und deren Röstung? Spielen die Betriebstemperatur und der Druck des dampfend-zischenden Gerätes eine Rolle? Oder ist die Wasserhärte der zentrale Faktor? Egal worin die Lösung liegt und ob ein Kaffee auf der Straße, in einem Café Espresso, in einem Wiener Kaffeehaus oder zu Hause aus der eigenen Espressomaschine genossen wird: Jeder Kaffeetrinker hat seine eigenen Vorlieben. Und auch wenn den Österreicherinnen und Österreichern die traditionellen Kaffeehäuser nach wie vor heilig zu sein scheinen – der Genuss eines original italienischen Espresso in einer italienischen Bar ist immer etwas Besonderes und eine gute Ausrede, nach Italien zu fahren.

Ein italienischer Cafetier im Paradies

Auch wenn die Anzahl der klassischen Wiener Kaffeehäuser im Zentrum der Stadt und an der Ringstraße in den letzten Jahrzehnten deutlich abgenommen hat, ist die Wiener Kaffeehauskultur seit dem Jahr 2011 Teil des sogenannten immateriellen Kulturerbes der UNESCO und somit als Kulturleistung weltweit anerkannt. Die Osmanen waren es, welche die Kaffeebohne und die Kunst des Kaffeesiedens in Südosteuropa und Zentraleuropa bekannt machten. Die Kaffeehauspioniere in Wien waren allerdings armenische Kaufleute. Namentlich bekannt ist der Kaufmann und Kurier des Hofkriegsrates Owanes Astouatzatur. Unter dem Namen Johannes Diodato erhielt er am 17. Jänner 1685 das erste Privileg zur Ausschank des »orientalischen Getränkhs« in Wien. Das erste Kaffeehaus Wiens eröffnete er mit hoher Wahrscheinlichkeit in seiner Privatwohnung in der Rotenturmstraße. Der Kaffeesieder, der rund 120 Jahre später über viele Jahrzehnte die Wiener Kaffeehauskultur prägte, war jedoch ein Italiener: Pietro (Peter) Corti, geboren um 1781 in der lombardischen Stadt Bergamo. Als 14-Jähriger wanderte er nach Wien aus. Nachdem er in verschiedenen Kaffeehäusern serviert hatte, übernahm er 1803 ein Kaffeehaus im niederösterreichischen Schwechat, woher auch seine Frau Franziska (gest. 1862) stammte. Ab 1805 dürfte er sich wieder in Wien aufgehalten haben, denn ab diesem Zeitpunkt unterstützte er den aus Italien stammenden Kaffeesieder Giovanni (Johann) Evangelist Milani (1729–1808) in dessen Kaffeehaus am Kohlmarkt Ecke Wallnerstraße. Nach Milanis Tod kaufte Corti dieses Lokal samt der seit 1790 bestehenden und stark besuchten »Limonadehütte« auf der Burgbastei.

Im April 1814 schaltete Peter Corti in der *Wiener Zeitung* mehrmals ein kleines Inserat: Man könne bei ihm, dem »bürgerlichen Kaffeesieder«, im »kleinen fürstl. Lobkowitzischen Hause, der Augustinerkirche gegenüber, nächst dem Josephsplatze« ab dem 11. April »den ganzen Sommer hindurch täglich, auf der Burgbastey aber später, mit gutem Gefrornen bedient werden.« Besondere Berühmtheit erlangte Corti jedoch durch seine beiden »Etablissements« im sogenannten Paradeisgartel (auch Paradiesgarten genannt) und im Volksgarten, die als *erstes* und *zweites Cortisches Kaffeehaus* in die Wiener Geschichte eingegangen sind. Das *erste*

Kaffeehaus im Paradeisgartel befand sich in einem zweigeschoßigen Hofgebäude, das auf Befehl von Kaiser Franz II. ab 1797 am Ende einer schmalen Gartenterrasse errichtet wurde. Das spätestens 1752 unter Maria Theresia entstandene Paradeisgartel reichte von der Bellaria bis knapp vor die Löwelbastei (auf die noch heute der Name Löwelstraße verweist). Der später vergrößerte Garten bestand bis zum Abbruch der Bastei (1874). Bereits zwei Jahre davor dürfte das Kaffeehausgebäude abgetragen worden sein. Seit 1907 befindet sich an der Stelle des Paradeisgartels die gärtnerisch ausgestaltete Anlage des Kaiserin-Elisabeth-Denkmals.

Jedenfalls durfte Peter Corti im Hofgebäude des Paradeisgartels Anfang Mai 1819 ein Kaffeehaus eröffnen. Im März 1826 schaltet er ein Inserat in der *Wiener Zeitung*, in dem er »einem hohen Adel und verehrungswürdigen Publicum« ankündigte, dass seine »Kaffeh- und Erfrischungs-Anstalt im k. k. Gebäude des ehemals sogenannten Paradiesgärtchens« am 18. März 1826 nach fünf Monaten Bauarbeiten wieder offen stehen wird. Den ersten Stock hatte er nämlich neu einrichten lassen; der Balkon wurde nun durch eine Glaswand »gegen den Anfall der rauhen Witterung geschützt.«

Corti wird ein gutes Verhältnis zu Kaiser Franz II./I. (1768–1835) nachgesagt. Vielleicht war dies der Grund, dass er ein weiteres Kaffeehaus in einem dem Hof gehörenden Garten errichten durfte. Im April 1823 wurde Corti die Baubewilligung für seinen »Salon« im Volksgarten erteilt. Wie auch der spätere Burggarten ist der Volksgarten ein indirektes Ergebnis der Besatzung Wiens durch die Truppen von Napoléon Bonaparte. Dieser ließ 1809 einen Teil der Befestigungsanlagen sprengen, wodurch die Möglichkeit für die Neugestaltung des Areals geschaffen wurde. Die gewonnene Freifläche wurde ab 1817 einerseits zur Errichtung des privaten Kaisergartens, des heutigen Burggartens, andererseits zur Anlage des sogenannten Volksgartens genutzt. Die Überlegung, einen Garten für das Volk – womit Adel und Bürgertum gemeint waren – anzulegen, wurde bereits früh in der Öffentlichkeit bekannt. So

Das Corti'sche Kaffeehaus im Wiener Volksgarten

berichtete der Arzt Joseph August Schultes nach seiner Wien-Reise 1817 von einem Park für die Wiener dicht am Burgtor, der dank der »Huld ihres Kaisers […] zu ihrer Erholung und Unterhaltung geöffnet haben wird.« Am 1. Mai 1823 übergab man den Volksgarten der Öffentlichkeit. Es ist somit der erste große für die Öffentlichkeit bestimmte Park Wiens und gleichzeitig ein frühes Beispiel für eine öffentliche Grünanlage in Europa. Der im Schweizer Kanton Tessin geborene Architekt Pietro (Peter) Nobile entwarf nicht nur den zentral im Volksgarten gelegenen Theseustempel, sondern auch einen halbkreisförmigen Kolonnadenbau (1820–1823), in dem Peter Corti ein zusätzliches Lokal einrichten durfte. Dieses heute zum Teil veränderte *zweite Cortische Kaffeehaus*, wo »man mit Kaffeh und Erfrischungen aller Art bedient« wird – so Johann Hehl 1834 –, stieg rasch zu einem bedeutenden gesellschaftlichen Treffpunkt auf. Heute ist es ein Teil der *Volksgarten Clubdiskothek*.

Neben den beiden erwähnten Kaffeehäusern betrieb Peter Corti auch noch andere in Wien, manche nur für kurze, andere für län-

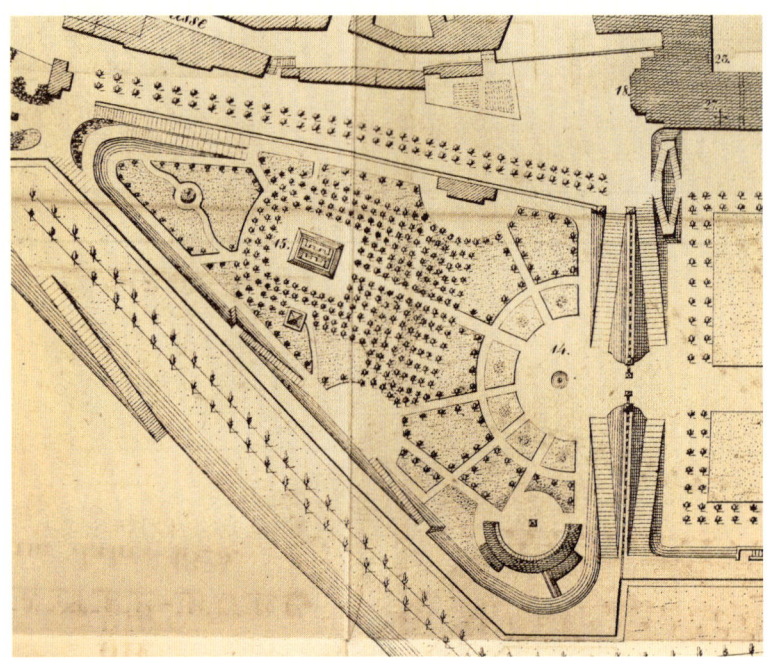

Volksgarten bei der Wiener Hofburg im Jahre 1825 mit dem Corti'schen
Kaffeehaus (rechts unten), Lithographie von Franz Orlitsek

gere Zeit; so zum Beispiel am Josefsplatz im Palais Pallavicini, dem
einstigen Palais Fries, und in der Kärntnerstraße Ecke Walfisch-
gasse.

Der »bürgerliche Kaffeehausinhaber« Peter Corti starb am
4. August 1833 im Wiener Vorort Wieden. Nach seinem Tod übernahm zuerst sein Sohn Johann Baptist, dann seine Frau Franziska
und danach sein Sohn August sämtliche Lokale. Unter dessen
Ägide florierte das *Künstler-Café* in der Kärntnerstraße Ecke Wal-
fischgasse. Nachdem August und sein Bruder Johann Baptist verstorben waren, übernahm deren Schwester, Luise (Aloysia) Szabo,
die Leitung der »Corti'schen Etablissements«. Mit dem Abbruch
des Cafés in der Kärntnerstraße im Jahre 1886 verliert sich die
Spur der italienischstämmigen Familie Corti, die über Jahrzehnte
das Kaffeehausgeschehen Wiens mitbestimmte.

Mandoletti! Bonbiletti!

Süßspeisen spielen in ganz Österreich eine wichtige kulinarische Rolle. Dass viele Klassiker aus anderen Regionen Europas auf vielfältige Weise importiert wurden, ist hinlänglich bekannt, wie das Beispiel der böhmischen Küche zeigt. Auch aus Italien lassen sich süße Spuren in Österreich finden, wobei viele von ihnen bereits deutlich verblasst sind.

Wer kennt heute zum Beispiel noch Mandoletti? Das Wort erinnert uns ganz zu Recht an die Mandel: Es leitet sich vom italienischen *mandorla* (die Mandel) ab, und *mandoletta* oder *mandorlato* bezeichnete ursprünglich einen Mandelteig. Doch nicht nur die Süßigkeit, sondern auch deren Hersteller und Verkäufer bezeichnete man als »Mandoletti«.

Die Erzeugung von Süßigkeiten im Allgemeinen ging ursprünglich von Apotheken aus, die ihren bitteren Arzneimitteln Süßstoffe zusetzten und im Mittelalter auch Konfekt herstellten. Nach und nach entwickelten sich verschiedene Sparten von Kuchenbäckern, die im 15. Jahrhundert bereits in verschiedene Gewerbe aufgegliedert wurden. Hier begegnen uns neben den Krapfen- und Oblatenbäckern auch erstmals die Mandoletti, die mit der Herstellung ihrer Produkte – vor allem verschiedenen Zuckerwerks mit Mandeln – zwischen den Gewerben der Zuckerbäcker und der Kuchenbäcker angesiedelt waren.

Als Mandoletti-Krämer machten sie mit ihrem Kaufruf »Letti! Mandoletti! Bonbiletti!« auf sich aufmerksam und verkauften unter anderem Butterpasteten, mit Mandeln und Zimt gewürzte Kuchen aus Germ, Biskotten und Torten.

Ab den letzten Jahrzehnten des 18. Jahrhunderts bis weit in das 19. Jahrhundert hinein waren diese Mandoletti-Krämer eine charakteristische Erscheinung im Straßenbild größerer Städte. Ein 1796 in Wien nachweisbarer »Mandoletti-Bäcker« namens Dominik Butti oder das 1824 erwähnte »Mandoletti-Bäckergewölbe« der Herren Bergotta in der Wiener Rotenturmstraße lassen deutlich

Mandorle,
die kostbaren
Samen des
Mandelbaumes

erkennen, woher die Meister ihres Faches zum überwiegenden Teil stammten. Wie ein Inserat in der *Wiener Zeitung* aus dem Jahr 1835 zeigt, waren in der ersten Hälfte des 19. Jahrhunderts auch heimische Meister Mandoletti-Bäcker: »Unterzeichneter empfiehlt sich, bey seinem neuen Etablissement einem hohen Adel und geehrten Publikum mit einem wohl bestellten Lager aller Gattungen Mandoletti-Bäckereyen und Französischer Kugelhippe (Gugelhopfe) von vorzüglicher Güte. Auch werden Bestellungen aller Art hierauf angenommen, und versichert, daß sein eifrigstes Bestreben stets dahin gerichtet seyn wird, seine verehrten Abnehmer durch eine schnelle und äußerst billige Bedienung vollkommen zufrieden zu stellen. Simon Caspar, befugter Mandoletti-Bäcker in der Stadt, am Bauernmarkt im gräfl. Bellegard'schen Hofe Nr. 582.«

Die Mandoletti-Krämer waren – zumindest in Wien – so bekannt, dass ihnen sogar eine Zauberposse gewidmet wurde: Am 30. März 1837 wurde das Stück »Berggeist und Mandolettikrämer, oder: Häuslich, sittsam, lustig«, eine Zauberposse mit Gesang in zwei Aufzügen, im Theater in der Leopoldstadt uraufgeführt. Darin spielt ein Mandoletti-Krämer eine der Hauptrollen. Bereits 1789 entstand in Wien das Lustspiel »Kasperl' der Mandolettikrämer, oder: Jedes bleib bey seiner Portion« vom Wiener Theaterdichter Ferdinand Eberl. Auch vor wenigen Jahren erinnerte man sich an die Mandoletti: Im Jahr 2001 wurde unter der Intendantin Elfriede Ott im Rahmen der Maria Enzersdorfer Festspiele auf der Burg Liechtenstein Nestroys »Der holländische Bauer« in einer Neubearbeitung unter dem Titel »Mandoletti« aufgeführt. Tatsächlich geht es in diesem Stück um einen Mandoletti-Krämer und die Liebeswirren rund um seine Tochter.

Mandoletti-Bäcker lassen sich noch Anfang des 20. Jahrhunderts im heutigen Österreich nachweisen. So finden wir in Linz einen Konditor namens August Nußbaumer, der als »Mandoletti-Bäcker« im April 1914 im *Linzer Volksblatt* den »werten Kunden für Ostern sehr gute Osterpinzen, Prager Striezel, feine Bäckerei und Torten in allen Größen« anbot. Noch 1937 übte der »Zuckerbäcker-, Kuchen-, Mandoletti- und Kanditenerzeuger« Josef Langmann im niederösterreichischen Hollabrunn seine Tätigkeit aus.

In den letzten Jahrzehnten verschwanden nicht nur die Mandoletti-Bäcker und -Krämer aus den Städten, sondern mit ihnen auch die Süßigkeiten aus unserer Erinnerung. Was genau waren nun Mandoletti und wie hat man sie zubereitet?

Eine Variante, die der ursprünglichen Bezeichnung Mandoletti dem Namen nach am nächsten kommt, gibt es in Venetien auch heute noch. Hier ist die Köstlichkeit als *Mandorlato* beliebt, zu Deutsch wird sie als »Honignougat« bezeichnet. Zu seiner Herstellung wird Honig langsam erhitzt und Eischnee vorsichtig untergehoben. Dann werden Mandeln und eine Prise Zimt beigefügt. Die Mischung lässt man zwischen zwei Lagen aus essbarem Reispapier auskühlen. Bei maschineller Herstellung, wie sie heute auch üblich ist, kommt zusätzlich noch Zitronat dazu. In Österreich findet man ähnliche Rezepte unter verschiedenen Namen beim Stöbern in alten Kochbüchern und Zeitungen. So zum Beispiel im Kochbuch des Stiftes Lilienfeld aus dem Jahr 1899 (»Die suptilen Mandelbögen«) oder im sogenannten Erzherzog Johann Kochbuch, einer Zusammenstellung aus fünf verschiedenen Kochbüchern und Rezeptsammlungen, die in den 1830er-Jahren im Haushalt von Erzherzog Johann und Anna Plochl verwendet wur-

»Mandorlato al Cioccolato« aus Mailand

den (»Eis- oder Mandelbögen«). Aus jüngerer Zeit finden wir ein Rezept vom Mai 1927 – abgedruckt in der *Linzer Tages-Post* – unter der ursprünglichen Bezeichnung Mandoletti: »1/4 Liter Honig wird gekocht, bis er dick ist, dann werden 42 Dekagramm Vanillezucker in den festen Schnee von 7 Eiweiß gemischt, 56 Dekagramm geriebene Nüsse hineingegeben und dies unter beständigem Rühren in den kochenden Honig gegeben, überkühlen gelassen und zwischen Waffeln fingerdick aufgestrichen. Die Waffeln werden in kleinere gleichmäßige Stücke geschnitten und an der Luft getrocknet.«

Buon Appetito!

Der Schnitzelstreit zwischen Wien und Mailand

Es gibt Legenden, die sich hartnäckig halten. Eine davon ist jene von der italienischen Herkunft des »Wiener Schnitzels«. Auch heute noch kann man in zahlreichen Büchern und Zeitschriften lesen, dass dieses typisch österreichische Kalbfleischgericht von der oberitalienischen »Cotoletta alla milanese« stammen soll. Urheber ihres Transfers von Italien nach Wien soll laut einer seit Jahrzehnten im Umlauf befindlichen Legende der österreichische Feldmarschall Johann Joseph Wenzel Graf Radetzky (1766–1858) sein, der von 1831 bis 1857 Generalkommandant der österreichischen Armee im Königreich Lombardo-Venetien war. Demnach hätte – laut einem Schriftstück im Österreichischen Staatsarchiv – ein Graf Attems, Flügeladjudant von Kaiser Franz Joseph, einen von Radetzky verfassten ausführlichen Bericht über die politisch-militärische Lage in der Lombardei zitiert. Am Rande berichtete Attems in dem Schreiben von einem Unikum der Mailänder Küche: einem Kalbskotelett, in Ei gewälzt, paniert und in Butter herausgebacken. Kaiser Franz Joseph soll Feldmarschall Radetzky nach dessen Rückkehr nach Wien zu sich gerufen haben, damit dieser dem kaiserlichen Koch das Rezept verrate.

Diese theatralische Geschichte wurde in den letzten Jahrzehnten in zahlreichen Varianten publiziert, wobei man sie auch aus-

Wiener Schnitzel mit Salat

Der imposante Mailänder Dom, die bekannteste Sehenswürdigkeit der lombardischen Hauptstadt

schmückte oder in wesentlichen Details veränderte. Der Clou an der Sache: Die Geschichte rund um die Herren Attems und Radetzky ist frei erfunden. Richard A. Zahnhausen hat sich Anfang des 21. Jahrhunderts auf die Spuren der »Wiener Schnitzel-Legende« gemacht und ist auf den Urheber der abenteuerlichen Story gestoßen: Der italienische Reiseschriftsteller Felice Cùnsolo tischte 1969 im wahrsten Sinne des Wortes die Geschichte seinen Landsleuten im Buch »Guida gastronomica d'Italia« auf. Als die Publikation 1971 unter dem Titel »Italien tafelt« auch auf Deutsch erschien, verbreitete sich die Information von der vermeintlich italienischen Herkunft des Wiener Schnitzels so stark, dass auch renommierte österreichische und italienische Fachjournalisten und Kochbuchautoren die Geschichte wiedergaben. Zur Ehrenrettung von Felice Cùnsolo muss erwähnt werden, dass bereits Otto F. Beer in der deutschen Wochenzeitung *Die Zeit* im

Mai 1963 in seinem Beitrag »Haus Habsburg auf der Speisekarte« schrieb, dass Radetzky nach Wien meldete, in Mailand pflege man Kalbsschnitzel höchst appetitlich zu panieren.

Warum diese Geschichte rund um Attems und Radetzky nicht stimmen kann, hat mehrere Gründe: Unabhängig davon, dass Cùnsolo und Beer keine Quelle angeben, es keinen Flügeladjutanten Attems gab und ein Kotelett (Fleisch am Knochen) kein Schnitzel ist, aß man in Österreich das »Wiener Schnitzel« in seiner heutigen Form offenbar bereits Ende des 18. Jahrhunderts. Kochbücher aus den 1820er- und 1830er-Jahren zeigen, dass Fleisch schon damals mit Eiern, Mehl und Semmelbröseln paniert und in Fett schwimmend gebacken wurde. Lassen wir hier ein Kochrezept von Maria Anna Neudecker, einer in Böhmen arbeitenden Köchin aus Bayern, aus ihrem erstmals im Jahr 1831 (!) herausgegebenen Buch *Allerneuestes allgemeines Kochbuch* folgen:

Wiener Schnitzel von Kalbfleisch:
Es werden von einem Kalbsschlegel lauter solche Schnitze [Fleischscheiben] geschnitten […], eine Hand groß und Finger dick, diese Schnitze mit dem Messerrücken gut geklopft, gesalzen, und in ein aufgeklopftes Ey [Ei] eingedunkt, dann in Semmelbröseln gehüllt. So werden sie gleich einem Cottelet in Schmalz auf einer Omelettpfanne auf beiden Seiten gebacken, etwas langsamer, damit sie ausbraten, dann auf eine Schüssel gelegt, heiße Sardellenbutter darüber geschüttet, und schnell zur Tafel gegeben.

Dass das »Wiener Schnitzel« spätestens ab den 1840er-Jahren im österreichischen Raum alles andere als selten war, zeigen auch zahlreiche Zeitungs- und Zeitschriftenmeldungen. So werden in einem »Gutachten über die Einrichtung eines großartigen Gasthofs« im *Morgenblatt für gebildete Stände* im Mai 1843 »Wiener Schnitzeln« genannt und dem neuen Pächter der »Ausspeisung im Prager allgemeinen Krankenhaus« neben dem Backhuhn auch das »Wiener Schnitzel« als Speise ans Herz gelegt, wie die *Linzer Zeitung* und die *Wiener Zeitung* im November 1846 berichten. In einem Beitrag über österreichische Landpartien in der *Wiener Zeitung* vom Juli 1852 wird vom »populären Wiener Schnitzel« geschrieben.

Seit den 1870er-Jahren dürfte das Wiener Schnitzel eine typische österreichische Spezialität sein; so nennt die *Gemeinde-Zeitung* im März 1871 dieses Gericht neben »Linzer Torten, böhmischen Buchteln, Brünner Kollatsch'n« als national bedeutende Speise. Dass das Wiener Schnitzel vom Kalb im hochpreisigen Sektor angesiedelt war, zeigt die Speisekarte des Pilsner Brauhauses auf der Wiener Weltausstellung 1873. Demnach kostete laut eines Inserates in der Tageszeitung *Die Presse* von Anfang Mai 1873 ein Roastbeef 70 Kronen, ein Lungenbraten ebenfalls 70 Kronen und ein garniertes Rindfleisch 80 Kronen – ein Wiener Schnitzel hingegen 90 Kronen. 1874 wurden die Noten einer »Wiener-Schnitzel-Polka« veröffentlicht, die – im Gegensatz zu der Speise, die sie besingt – heute völlig unbekannt ist. Aber sie belegt eindrucksvoll, wie gern die Wiener ihr Schnitzel schon damals hatten.

Italienische Kaufrufe in der Stadt

Warum denken wir bei einer Salami als erstes an Ungarn? Das ist Mark Pick zu verdanken, einem findigen ungarischen Geschäftsmann, der in seiner 1869 in Szeged gegründeten Firma mit der Herstellung der bis dahin in Ungarn unbekannten Wurst begann. Im Jahr 2014 wurde die *PICK Salami*, die bis heute noch zum Teil in Szeged hergestellt wird, zum »Hungaricum« erklärt und somit als ein Produkt ausgezeichnet, das auf einzigartige Weise für ungarische Qualität und ungarische Werte steht. Die Kunst der Salamiherstellung hatte Mark Pick jedoch bei italienischen Meistern erlernt. Denn es stammt nicht nur der Name Salami vom italienischen Wort *salame* für Salzwurst oder auch Salzfleisch ab – auch Art und Zusammensetzung dieser Würste wurden zuerst in Italien festgelegt. Dort kennt man die Salami schon seit dem Mittelalter, und im Laufe der Jahrhunderte haben sich zahlreiche regionale Varianten entwickelt. In der Regel verwendet man zur Herstellung Schweinefleisch, es können aber auch Rindfleisch und Speck beigemengt werden. Je nach regionalem Geschmack wird die Salami mit verschiedenen Gewürzmischungen verfeinert, wobei Salz, Pfeffer, Pfefferoni und Knoblauch am häufigsten verwendet werden. Heute gibt es in Italien Hunderte Salamisorten, einige davon sind als typische Produkte ihrer Region mit einem DOP- oder PGI-Siegel gekennzeichnet (geschützte Ursprungsbezeichnung beziehungsweise geschützte geografische Angabe).

Jetzt wissen wir, dass die Salami eigentlich ein »Italicum« ist. Daher ist es nicht verwunderlich, dass im 19. Jahrhundert fast ausschließlich Italiener diese Wurst als Verkäufer auf der Straße und in Lokalen der Residenzstadt Wien und anderen österreichischen Städten anpriesen, auch wenn die Dauerwurst gar nicht in Italien, sondern – aus Haltbarkeitsgründen und aufgrund der weiten Anreise der Verkäufer aus Italien zu Fuß – meist erst in Österreich produziert wurde. Die Salamiverkäufer – auch Salamikrämer oder Salamimänner genannt – fielen durch ihren als Sprechgesang ausgeführten, unverwechselbaren Kaufruf auf, von dem mehrere Varianten verbürgt sind, wie zum Beispiel »Salami, Salamucci, Salamini, da bin i, duri, duri [ital. duro = hart]!«, »Salamini, da bin i! – Salamoni, geh doni!« oder »Duri, Duri, Salamini, Marchese Rudini, da bin i!«. Der letztgenannte Kaufruf spielt mit dem Namen des zweifachen italienischen Ministerpräsidenten Antonio Starabba di Rudinì (1839–1908). Die *Salamucci*, wie sie auch genannt wurden, waren meistens Friulaner, Lombarden oder Venetianer, die in den Straßen, bei Festen und in Gastwirtschaften mit einem Laib Käse und etlichen Salamistangen hausieren gingen.

Dass es manchmal Probleme mit den Salamimännern gab, zeigt eine Petition, abgedruckt im Mai 1868 im *Neuen Fremden-Blatt*, die sich auf das alte Freihandelsprivileg der »Salamuccimänner«

Salami-Verkäufer mit dem Kaufruf »Wälsche Würste kauft! Salami Italiani!« (1775/1776), kolorierter Kupferstich von Carl Conti nach einer Zeichnung von Johann Christian Brand

im Wiener Prater bezog: »Die drei Cafétiers und Restaurateurs im Prater, die Herren Hirschberger, Steblein und Voglsang haben an den Minister des Innern […] in Angelegenheit der Salamucci-Frage folgende Adresse gerichtet: Eure Exzellenz! Die ergebenst Gefertigten, Inhaber der Kaffeehäuser im Prater erlauben sich in schlichten Worten die Unterstützung Euer Exzellenz um Abschaffung eines Uebelstandes zu erbitten, von dem Sie nun zu ihrem empfindlichen Nachtheile durch zwei Jahre gedrückt werden. In der Hauptallee des Praters, in welcher sich vorzugsweise die vornehme Welt der Residenz bewegt, befinden sich drei Kaffeehäuser und Restaurationen, mit aller Eleganz und Comfort ausgestattet, um die Elite der Gesellschaft würdig zu empfangen. Die ergebenen Gefertigten sind gegenwärtig Inhaber benannter Lokalitäten und haben die vielen und großen Opfer nicht gescheut, um diese ihre Lokalitäten zu den beliebtesten und gesuchtesten Unterhaltungsorten von Wien zu machen. […] Den zahlreichen Besuch und den daraus entspringenden Gewinn zur Erhaltung des Geschäftes stört nun eine Verordnung, wodurch es den sogenannten Salamimännern auch in diesen drei Lokalitäten gestattet ist, den vornehmsten Personen ihre Viktualien, nämlich Käse und Salami, anzubieten. Das Publikum, welches sich vom Wurstelprater in die Kaffeehäuser der Hauptallee flüchtete, um sich statt des Käses und Salami mit einer guten Küche zu stärken, wird nun auch hier unausgesetzt von den Salamimännern belästigt, welche demselben in oft defektiver Kleidung und mit schmutzigen Händen ihre Viktualien vor das Gesicht halten.« Dem Wunsch der drei Gewerbetreibenden nach Verbannung der Salamimänner aus ihren Lokalen an der Prater Hauptallee wurde entsprochen, wie ein Bericht der Zeitung *Die Presse* vom Ende des Monats zeigt: »Das k. k. Ministerium des Innern hat im Einvernehmen mit dem k. k. Obersthofmeisteramte die Petition der Kaffeesieder in der Hauptallee im Prater: um Abweisung der Salamimänner, welche Hausirhandel mit ihrer Waare treiben, zustimmend erledigt. Die Salamucci wurden in den Wurstelprater und in die dort befindlichen Schanklocale, vor denen sie ihre Waaren feilbieten können, verwiesen.«

Trotz oder gerade wegen der Eigenheiten, die sich auch aus der Fremdsprachigkeit der Salamimänner ergab, waren sie über die Jahrzehnte hinweg zu einer Institution geworden, auf die zumin-

»Salame finocchiona« aus der Toskana

dest ein Wiener Hersteller der Wurstwaren nicht verzichten wollte, wie die folgende, kurios wirkende Geschichte – erzählt 1867 im Satire-Blatt *Hans Jörgel von Gumpoldskirchen (Jörgel Briefe)* – zeigt: »Es ist nämlich im Lerchenfeld ein Salami-Macher und Käs-Erzeuger, der bis jetzt immer seine Salamimänner oder Käsmänner mit'n Zöger [Tragkorb] nach allen Theilen Wiens entsendet hat. Seitdem wir aber durch zwei glänzende Siege auch Venedig verloren haben, sein die Salamimänner piemontesische Unterthanen 'worden, kriegen von ihrer Regierung keine Pässe und von unserem Magistrat keine Hausier-Erlaubniß mehr und mit Wehmuth werden die Freunde des Bieres heuer im Prater die süßen Laute vermissen, die italienischen Worte: ›Domini! Domini! Salamini da bin i! Turri! Turri! Schani Brot!‹ u. s. w. Aber der Lerchenfelder En gros-Salamimacher, der eigentlich kein Italiener, sondern ein Böhm' is, setzt sich kurios an. Während alle anderen Salami-Fabrikanten schon deutsche Salamimänner haben, hat nur der italienische Lerchenfelder Böhm' die fixe Idee, daß er keine andern als wälische Kasmänner ausschicken will. Er hat beim Magistrat die Erklärung abgegeben, daß die Deutschen zu diesem Geschäft gar nit taugen; ein Deutscher sei gar nit im Stand', ›aine albe Vierting Gas‹ oder ›Tre lotti Salamucci‹ mit jener Grazie, mit jenem poetischen Duft herzugeben, welchen ein Udineser oder Veroneser verbreitet.« Schade, dass nicht auch die »ungarische Salami« ein Gegenstand der spitzen Feder des Hans Jörgel von Gumpoldskirchen geworden ist …

Eine italienische Schnecke erobert Österreich

Es soll auch in Italien Menschen geben, die im Supermarkt oder in einer Bar ein *panino* kaufen und es im Stehen hastig hinunterschlingen; genauso wie es in Italien Teenager gibt, für die das Höchste der Gefühle ein Burger mit Pommes frites ist. Im Allgemeinen sind die Italiener jedoch als ausgesprochene Genussmenschen bekannt: Wenn man abends oder am Wochenende im Kreise der Familie isst, wird das Essen meist ausgiebig zelebriert – ganz gleich, ob man sich um den heimischen Tisch versammelt oder ein Lokal aufsucht.

Auch wenn die einzelnen Gänge – Antipasto, Primo, Secondo, Dolce – von Region zu Region variieren, die Abfolge eines italienischen Menüs ist im ganzen Land dieselbe: Nach dem *Antipasto*, der Vorspeise – die je nach Region unterschiedlich ausfallen und aus dem beliebten *Prosciutto di Parma* mit Melonenspalten, ein wenig Parmesan mit Oliven oder einer *Insalata Caprese* (Mozzarella mit Tomaten und frischem Basilikum) bestehen kann – folgt *il Primo*, der erste Gang, in der Regel eine *pasta*. Ohne diese scheint kaum ein Italiener leben zu können. Dementsprechend vielfältig ist die Auswahl an verschiedenen Teigwaren, die man – wiederum je nach Region – mit unterschiedlichen *sughi* (Saucen) serviert. Als nächstes wird *il Secondo* gereicht: Fisch oder Fleisch mit diversen Beilagen. Wer dann noch nicht satt ist, freut sich auf das *Dolce*, eine süße Nachspeise oder ein Stück Obst. Abgerundet wird das Mahl mit einem Schluck *amaro* (Bitter) oder *grappa* und selbstverständlich mit einer Tasse *caffè*.

Wie reagiert man in einem Land mit einer solch ausgeprägten Genusskultur auf die Eröffnung eines Fastfood-Lokals? Vielleicht skeptisch oder mit Protesten? Letzteres war der Fall, als eine amerikanische Fastfood-Kette im März 1986 auf der Piazza Navona die erste Filiale in der ewigen Stadt Rom eröffnete. Doch mit Protesten alleine war es nicht getan. Bald danach folgte die Gründung einer Gegenbewegung, die auf Grundsätzen und Ideen einiger Vorgängervereine basierte. Denn schon seit den 1970er-Jahren hatte man sich in einigen Regionen Italiens für die Pflege lokaler Küche, lokaler Weine und einheimischer Esskultur eingesetzt. 1980 gründete der im Piemont geborene Soziologe, Journalist und Mitherausgeber von Wein- und Gastronomieführern, Carlo Petrini, die Vereinigung *Libera e Benemerita Associazione Amici del Barolo* (kurz »Freunde des Barolo«), nachdem das Panschen von Barolo-Rotwein mit Methanol publik geworden war. Ziel der Vereinigung war es, Neugier zu wecken, Kenntnisse und Wissen über Wein und ausgewählte Lebensmittel zu vermitteln und zu bewusstem Konsum anzuregen.

Im Jahr 1986 entwickelte sich aus der *Associazione* der Verein *Arcigola,* der eineinhalb Jahre später das sogenannte *Slow-Food-Manifest* veröffentlichte. Im Jahr 1989 nahm der Verein den Namen *Arcigola Slow Food* an. Anlass für die Umbenennung war die Eröffnung einer weiteren Fastfood-Filiale in Rom, diesmal auf der Piazza di Spagna in unmittelbarer Nähe der Spanischen Treppe. Im Dezember desselben Jahres gründete Carlo Petrini in Paris gemeinsam mit anderen »Genussaktivisten« die internationale Slow-Food-Bewegung. Ein Manifest mit dem Titel »Internationale Bewegung zur Wahrung des Rechts auf Genuss« wurde unterzeichnet. Mittlerweile hat die Slow-Food-Bewegung fast 70 000 Mitglieder in 45 Ländern, die sich für das Recht auf kulinarischen Genuss, Langsamkeit und Muße sowie für den Erhalt der Vielfalt an Lebensmitteln, Pflanzen und Tieren einsetzen.

Symbol der Bewegung ist die Schnecke, *das* Symbol für Langsamkeit. Doch es geht nicht nur um die Langsamkeit als Mittel gegen das hastige Hinunterschlingen einer Mahlzeit, sondern auch um Sorgfalt bei der Auswahl von Zutaten und Geschmacksabfolgen sowie um Aufmerksamkeit bei der Zubereitung eines Gerichtes, beim Anrichten der Speisen und gegenüber der Gesellschaft, in der wir eine Mahlzeit einnehmen. Mit einem Wort: Es geht um die Pflege der Tischkultur und um eine bewusste Ernährung mit hochwertigen Lebensmitteln.

Slow Food will informieren, die Sinne schulen, die Wahrnehmung verfeinern und die – bei vielen Menschen schon verkümmerten – Geschmacksnerven sensibilisieren.

Die Organisation *Slow Food International* fördert dabei regionale Produkte mit hohen Qualitätsstandards, die Erhaltung der biologischen und kulturellen Vielfalt sowie ökologisch und sozial verträgliche Produktionsweisen. Slow Food soll nicht nur gut schmecken, sondern auch auf saubere Weise hergestellt werden, die weder der Umwelt noch dem Wohlergehen der Tiere oder Menschen schadet, und die Lebensmittelhersteller sollen eine faire Bezahlung für ihre Arbeit bekommen.

Slow Food International organisiert regelmäßig lokale und internationale Veranstaltungen für die Welt des nachhaltigen Genusses. 1996 wurde in Turin der erste *Salone del Gusto* abgehalten – eine Lebensmittelmesse, die mittlerweile jedes zweite Jahr veranstaltet wird. Sie gilt als eine der wichtigsten internationalen Messen für nachhaltige Lebensmittel und »Lebensmittelhandwerker«, die lokale Traditionen pflegen und Lebensmittel von hoher Qualität herstellen. Seit 2004 findet in Turin parallel zum Salone das *Terra-Madre-Treffen* – eine internationale Zusammenkunft von Lebensmittelgemeinschaften – statt. Darüber hinaus wurde der 10. Dezember zum Terra-Madre-Tag erklärt, an dem seit 2009 weltweit eine Vielzahl von Veranstaltungen stattfindet. Im selben Jahr wurde in Frankreich die *Eurogusto* – die europäische Biennale für Lebensmittel, Geschmack und Kultur des europäischen Slow-Food-Netzwerks – ins Leben gerufen.

Bereits auf dem ersten Salone del Gusto wurde das Projekt *Arche des Geschmacks* (*Arca del Gusto*) präsentiert. Es soll dem drohenden Verschwinden bestimmter Gemüse- und Obstsorten sowie Tierarten und -produkte entgegenwirken. Bis heute wurden in die Arche rund 3800 Produkte aufgenommen, die strenge Kriterien erfüllen: Sie müssen von hervorragender Qualität und vom tatsächlichen oder möglichen Verschwinden bedroht sein, dürfen nur von kleinen Betrieben und in begrenzten Mengen hergestellt werden, müssen mit einem bestimmten Gebiet verbunden sein sowie nach lokalen traditionellen Methoden aus lokalen Rohmaterialien hergestellt oder weiterverarbeitet worden sein. Aus Österreich finden sich derzeit 62 Produkte in der Arche – vom Bregenzerwälder Bergkäse und der Hausrindrasse *Ennstaler Bergschecke* über die *Pielachtaler Dirndln* bis zum steirischen *Uhudler*. Darüber hinaus sind 2018 das Gailtal und das Lesachtal (Kärnten) zur

»Pielachtaler Dirndln« als Teil der »Arche des Geschmacks«

weltweit ersten »Slow Food Travel Destination« ausgerufen worden. Bei diesem Pilotprojekt stehen die regionale Lebensmittel-
produktion und die jeweilige lokale Verarbeitung in der Küche im
Mittelpunkt der angebotenen Reisen.

Die Slow-Food-Bewegung machte nicht bei der Kulinarik halt:
In den letzten 25 Jahren schlossen sich weitere engagierte Einzel-
personen, Vereine und Kommunen dem Slow-Gedanken an. 1999
wurde – auf Initiative des Bürgermeisters von Greve in Chianti
(Toskana) – in der umbrischen Stadt Orvieto die Vereinigung
Cittàslow (ein italienisch-englisches Kunstwort für »langsame
Stadt«) gegründet, die somit – wie Slow Food – ihren Ursprung in
Italien hat. Die vier italienischen Gründungsstädte Greve, Orvieto,
Bra (die piemontesische Heimatstadt des Slow-Food-Gründers
Petrini) und Positano (Kampanien) beschlossen einen Kriterien-
katalog, anhand dessen sich Städte mit einer Größe von bis zu
50 000 Einwohnern als Cittàslow zertifizieren können. Nach dem
Motto »Langsamkeit statt Hektik« soll man sich auf das besinnen,
was eine Stadt unverwechselbar macht: regionale Wirtschaft,

lokale Produkte und Traditionen. So soll die eigene, historisch gewachsene Identität gewahrt bleiben und durch die Stärkung der lokalen Wirtschaft Arbeitsplätze erhalten und Abwanderung vermieden werden. Heute gibt es mehr als 230 Cittàslow-Städte in über 30 Ländern. In Österreich zählen Enns, Hartberg und Horn dazu.

Ob wir uns nun in einem Ristorante in Orvieto ein üppiges umbrisches Menü munden lassen oder in Hartberg einen Uhudler schlürfen: Wir werden es ohne Hast und mit Muße tun und dabei unsere Aufmerksamkeit auf die Kultur des Genießens und auf die besondere Atmosphäre des Ortes lenken – ganz im Sinne der italienischen Gründungsväter der Slow-Food-Bewegung.

Ein Blick auf das originale Venedig

Der italienische Prater

Venedig in Wien

Es ging ein Aufschrei durch Europa, als 1999 in Las Vegas ein Teil Venedigs samt seinen Kanälen eins zu eins nachgebaut wurde. Auf dem Gelände des *Venetian Resort Hotel* am sogenannten Las Vegas Strip kopierte man die Rialtobrücke, den Markusplatz samt Campanile und einige Kanäle. Von Kitsch, Lächerlichkeit und typischem »Ami«-Verhalten war die Rede. Dabei vergaßen die Europäer, dass in der Alten Welt bereits vor über 120 Jahren Kopien der oberitalienischen Lagunenstadt entstanden waren. Die erste davon, die den Namen Kopie zu Recht tragen durfte, befand sich in Österreich: im zweiten Wiener Gemeindebezirk, auf der Fläche des *Englischen Gartens*, dessen Geschichte bereits im 18. Jahrhundert begonnen hatte.

Heute ist nur wenigen Menschen bekannt, dass es im Eingangsbereich des Wiener Praters einen privaten Garten der Familie Habsburg-Lothringen gab. Leopold Chimani schrieb um 1826: »Gleich bey dem Eintritte in die Haupt-Allee zur Linken ist der kaiserliche Garten mit dem Gartenhause, durch ein einfaches Gitter von derselben getrennt. Aus einer Abtheilung des Waldes ist er zu einem Garten im englischen Geschmacke umgestaltet, und eben so reich an Blumenbeeten als an dem herrlichsten Obste.« Die Gartenanlage ging auf den russischen Botschafter Fürst Dmitrij Galicyn zurück, der sich 1775 im Prater ein Sommerhaus errichten ließ. Nach dessen Tod ging der Besitz an Graf Hoyos und 1794 an die Habsburger. Die wenigen Quellen zeigen, dass der Kaisergarten im Stil eines Landschaftsgartens gestaltet war. Im Jahr 1890 verkaufte der Hof das rund 50 000 Quadratmeter große Grundstück am Praterstern für 500 000 Gulden an die englische

Gondel im Kanal von
»Venedig in Wien«,
1895

Gesellschaft *The Vienna Kaisergarten Syndicate Limited* in London. Da die Gesellschaft keinen Käufer oder Pächter für das Gelände fand, richtete sie einen Art Vergnügungspark unter dem Namen *Englischer Garten* ein. Das Fehlen eines programmatischen roten Fadens führte rasch zum Konkurs der Firma. 1893 trat die Gesellschaft das Gelände an den Hauptgläubiger in London, *The Asset Realisation Company*, ab. Im November 1894 übernahm Gabor Steiner (1858–1944) als Pächter die Anlage. Der in Rumänien geborene Steiner war 1862 nach Wien gekommen, wo sein Vater zuerst Theatersekretär, dann künstlerischer Leiter und ab 1875 Direktor des Theater an der Wien war. 1885 übernahm Sohn Gabor die künstlerische Leitung des Carltheaters in der Leopoldstadt. Das Areal des *Englischen Gartens* verwandelte er 1895 innerhalb weniger Monate zum *Venedig in Wien*. Die Lagunenstadt war als Kopiervorlage bereits damals in Mode, wie Nachbauten in London (1890), Berlin (1894), Brüssel (1895) und Hamburg (1895) zeigen, wobei die künstlerische Qualität teils sehr zu wünschen übrig ließ. Gabor Steiner wollte es besser machen: Nach Plänen des Architekten Oskar Marmorek entstand hinter dem Praterstern ein Mix aus venezianischen Nach- und Phantasiebauten samt Kanälen und Plätzen (*campi*). Nach dem Verlust der echten Stadt Venedig – es musste 1866 an den jungen Staat Italien abgetreten werden – hatte die Wiener Bevölkerung nun ihr eigenes Venedig.

Entlang eines in Summe einen Kilometer langen Kanalnetzes samt elf Brücken und drei großen Plätzen entstanden 167 begehbare und eingerichtete Häuser. Gabor Steiner baute – im Gegensatz zu *Venice in London* mit Wasserbühne und Kulissenmalerei – Venedig in Teilen tatsächlich nach. Neben einer Anhäufung einzelner nachgeahmter Gebäude und Straßenmöbel sollte der Gesamteindruck überzeugen. Steiner ließ in Venedig sogar eigene Gondeln in Auftrag geben und engagierte vor Ort in Summe 40 Gondolieri und zahlreiche Musiker, die während der Öffnungszeiten (täglich von 10 bis 22 Uhr) im Wiener Venedig ruderten und musizierten.

Steiner selbst spricht in seinen in der *Illustrierten Wochenpost* erschienenen *Lebenserinnerungen* vom Ebenbild Venedigs »mit seinen Palästen und Kanälen im Freien«. Im gedruckten *Führer durch die Ausstellung Venedig in Wien* heißt es zum Zweck der Anlage: »Und so ist Venedig in Wien ein Kunstwerk geworden, aber auch eine Industriestätte, eine Ausstellung und ein Vergnügungsort, ein Stadtportrait und ein Landschaftsbild, eine Vermählung von Altem und Neuem, von venetianischem Geiste und wienerischer Lebensfreude.« Der Architekt Oskar Marmorek schrieb über die architektonische Vorgehensweise: »Im Ganzen war [...] das Streben darauf gerichtet, auf dem kleinen Raume den Charakter, die Stimmung der ›Königin der Meere‹ vorzuführen.«

Wie kommentierten die Zeitungen die Eröffnung am 23. Mai 1895? Die konservativen, bürgerlichen Zeitungen gaben eher wohlmeinende Kommentare ab. So berichtete ein anonymer Journalist am folgenden Tag in der *Neuen Freien Presse*: »Venedig in Wien oder vielmehr Venedig im Prater ist [...] eröffnet worden, und die Wiener haben alsbald durch eine Massen-Invasion Besitz von dem Miniatur-Abbild der Lagunenstadt ergriffen und sich daselbst behaglich niedergelassen, obwol die gemalten Prachtgebäude noch nicht überall ausgebaut sind und es stellenweise noch recht unfertig und wildromantisch aussieht. [...] Ueberall hörte man Rufe des Staunens über die schönen Bilder, die sich dem Auge bieten, Aeußerungen der Freude darüber, daß in Wien wieder einmal ein wirklich weltstädtisches Unternehmen entstanden ist, ein anziehender Sammelpunkt für die vielen Tausende, die Wien im Sommer nicht verlassen können, und nicht minder die Fremden, welche Abends so oft hilflos fragen, ob denn in Wien gar nichts los sei?« Die Zeitung *Die Presse* schrieb: »Alle Welt war entzückt von dieser reizenden Schöpfung, und einmüthig lautete das Urtheil dahin, daß das neue Unternehmen auf die Bevölkerung eine colossale Anziehungskraft ausüben werde.« Die *Wiener Zeitung* widmete sich ausführlicher der Architektur: »In der kurzen Zeit von kaum drei Monaten ist dieses kleine Abbild der alten Dogenstadt entstanden. Und welch getreues, in tausendfachen Einzelheiten dem Originale sorgfältig nachgeahmtes Abbild! [...] Wie angenehm war die Ueberraschung, wie erfreulich die Thatsache, daß man es hier mit einem vortrefflichen Kunstwerke zu thun hat, das seinesgleichen sucht. [...] Wer Venedig, die unvergleichliche Stadt, kennt, der wird hier schöne Erinnerungen geweckt finden, wer sie nicht kennt, der wird durch den Anblick dieses Abbildes die Sehnsucht empfinden nach dem Süden, nach der stillen Stadt in den Lagunen. [...] Die Paläste sind verblüffend naturgetreu hingestellt und wetterfest erbaut, nicht etwa nur aus Bretterwänden mit bemalter Leinwand errichtet, wie dies bei einer ähnlichen Veranstaltung anderswo der Fall gewesen. Die Gesimse, Schornsteine,

»Venedig in Wien«, 1895

die Balcone, die Bildwerke, die in die Wände eingelassen sind, all dies ist plastisch hergestellt, und in den Loggien stehen Stühle und Tische, aus den offenen Fenstern sind Jalousien gespannt, so daß man den Eindruck des Wohnlichen dieser Gebäude gewinnt.«

Deutlich kritischer äußerte sich am selben Tag die *Arbeiter Zeitung*: »Bei leidlich gutem Wetter, leidlich gutem Besuch und nicht hinlänglicher Fertigstellung wurde gestern die hölzerne Lagunenstadt im Prater eröffnet. Da in den Adern der Wiener nicht heißes venezianisches Blut fließt, nahmen sie alles hin, wie man's ihnen bot, selbst die stiefelmörderischen, glasscherbenbesäeten Wege mit den oft faustgroßen Kieseln. Links und rechts wurde noch gehämmert, angestrichen, getüncht, lackiert und poliert, gehobelt und gesägt, wurden Wege geputzt, als die Stunde der Eröffnung schlug, und doch bot sich dank der eben gerühmten Wiener Blutlosigkeit – Gemüthlichkeit nennen sie's selber – auf den Plätzen, Brücken und Stegen, auf dem Kanal, in den Gastwirthschaften und Cafés, Bazaren und Anschauungswerkstätten ein buntbewegtes Bild.« Die Kritik des Autors betraf vor allem die »schmutzigen

Kanalwässer – sie haben die richtige Canale grande-Farbe«, auf denen sich die »schmucken Gondolieri in ihren Originalkostümen« tummelten.

Venedig in Wien diente während der sommerlichen Schließzeiten der Wiener Theater einige Jahre lang vor allem der Unterhaltung. Nach anfänglichen Erfolgen ließ das Interesse der Einheimischen nach. Auch die 1897 erfolgte Errichtung des Riesenrades am Rande des Geländes konnte dies nicht verhindern. Die Kopie Venedigs wurde daher durch andere Attraktionen ersetzt, die Kanäle zugeschüttet. Auf dem Areal folgten etwa die *Internationale Stadt* mit spanischen, türkischen, ägyptischen und japanischen Straßenbildern (1901), ein Jahr später die *Blumenstadt* und 1903 die *Elektrische Stadt*. Zur Jahrhundertfeier des Wiener Kongresses im Jahre 1914 entstand eine Nachbildung von Alt-Wien mit Basteien und Stadttoren sowie historischen Plätzen. Das 1919 gezeigte »Negerdorf« war eine der letzten sogenannten Völkerschauen, die in Wien gezeigt wurden. Die ehemalige Fläche des Kaisergartens im Prater wurde noch in der Zwischenkriegszeit als Ausstellungsfläche genutzt. Nach dem Zweiten Weltkrieg errichtete man auf dem Gelände eine Grünanlage mit einem Wasserbecken und dem Planetarium.

Heute erinnert vor Ort nichts mehr an *Venedig in Wien*. Wenn Sie jetzt an den Leopoldstädter Straßennamen *Venediger Au* denken: Dieser alte Name geht mit großer Wahrscheinlichkeit auf die einstige *Jägerzeile* zurück, eine Siedlung, die einst den Namen »vicus venatorum« (Dorf bzw. Straße der Jäger) hatte. Im Laufe der Jahrhunderte wandelte sich dieser zu »Venedig«.

Zurück zu Gabor Steiner: Um ihn wurde es Anfang des 20. Jahrhunderts ruhiger. Er übernahm noch 1897 die Leitung von *Danzers Orpheum*. Infolge der hohen Kosten bei *Venedig in Wien* musste er jedoch bereits 1908 Konkurs anmelden. Zwischen 1909 und 1912 war er Direktor des Etablissements *Ronacher* in Wien. Trotz *Venedig in Wien* ist sein Name heute fast niemandem mehr geläufig – im Gegensatz zu seinem Sohn Max, der als Filmkomponist in Hollywood Karriere machte: Mit der Musik zu den Welterfolgen *Vom Winde verweht* (1939) und *Casablanca* (1942) setzte er sich ein dauerhaftes Denkmal in der Filmgeschichte.

Ein Doge in Wien?

Eine Kopie aus der Lagunenstadt Venedig hat sich in unmittelbarer Nähe des Praters bis heute erhalten. Sie müssen nicht nach Venedig fahren, um den Palazzo Ca' d'Oro am Canal Grande oder den Dogenpalast zu bewundern. Machen Sie lieber einen Ausflug in die Leopoldstadt und dabei einen Abstecher in die Praterstraße 70, unweit des Pratersterns. Denn dort steht der sogenannte

Eines der architektonischen Vorbilder für den Wiener Dogenhof: der Palazzo Ca' d'Oro am Canal Grande

Dogenhof, der – als thematischer Nachzügler des nahegelegenen Nachbaus von Venedig – zwischen 1896 und 1898 entstand. Das Mittelportal wird von einer Skulpturengruppe bekrönt: ein Doge mit dem Markuslöwen, der mit einer Pranke ein aufgeschlagenes Buch mit der Inschrift PAX TIBI MARCE EVANGELISTA MEVS (Friede sei dir, Markus, mein Evangelist) hält.

Architekt dieses bemerkenswerten und unter Denkmalschutz stehenden Gebäudes war der in Chvalkovice bei Olmütz geborene Carl Caufal (1861–1929). Über sein Leben ist sehr wenig bekannt. Wo er ausgebildet wurde und wann er nach Wien kam, wissen wir nicht. Eine erste Spur findet sich beim *Allgemeinen Bautechniker-Verein in Wien*, dessen Präsidenten-Stellvertreter er spätestens 1889 war. Nach dem *Dogenhof* entwarf er in Wien noch einige andere Wohnhäuser (zum Beispiel am Dannebergplatz im dritten Bezirk Landstraße), das Hotel Post am Fleischmarkt (Innere Stadt) und das Wohn- und Geschäftshaus in der Paniglgasse 16 (Wieden). Caufal war auch im Immobiliengeschäft und als Leopoldstädter Bezirksrat tätig. Ab dem Beginn des Ersten Weltkriegs sind keine Bauten mehr von ihm bekannt. Obwohl er in *Adolph Lehmann's allgemeinen Wohnungs-Anzeiger* bis zu seinem Tod als Leopoldstädter Architekt geführt wird, bleibt ungeklärt, welcher Tätigkeit er in dieser Zeit nachging. Vielleicht war er immer wieder einmal in Venedig, um den aktuellen Zustand des Dogenpalastes und des Ca' d'Oro (»Haus aus Gold«) zu begutachten? Letzteres Gebäude gilt zu Recht als einer der Höhepunkte venezianischer Palastarchitektur. Die gotische Fassade am Canal Grande fällt sofort ins Auge, auch wenn der namensgebende vergoldete Dekor schon längst nicht mehr existiert. Ob und wann der Architekt Carl Caufal in Venedig war, um die venezianische Architektur zu studieren, bleibt offen. Vielleicht hat er seine Anregungen nur aus Fachpublikationen erhalten, wer weiß … Jedenfalls gefiel der Dogenhof den Wienern und den auswärtigen Besuchern. So heißt es 1899 in einem Feuilleton im *Prager Tagblatt* über den »funkelnagelneuen« Dogenhof: »… ein mächtiger

Venezianer Palazzo, halb Dogenpalast, halb Cà d'oro, weithin leuchtend durch das blanke Weiß seiner Facade und eine angenehme Augenweide mit seinen zierlichen Spitzbögen, Rosetten und durchbrochenen Ornamenten. Man mag allerdings fragen, wieso dann der Saulus aus Venedig unter die alttestamentarischen Propheten der Leopoldstadt kommt? Was macht ein Palazzo in der Praterstraße? Doch über solche Fragen ist man bei uns hinaus, und mit Recht. Wir haben auf einem einzigen Platze – den Viele als den schönsten der Welt bezeichnen – das gothische Rathhaus, das hellenische Parlament, das Burgtheater in Renaissance, die Universität in toscanischer Frührenaissance; da ist es wohl auch erlaubt, ohne weitere Frage nach dem Wie und Warum ein Stück Markusplatz oder Canal Grande hieher zu verpflanzen, wenn's nur schön ist …«

Zum Jahreswechsel 1898/1899 gab es eine Neuerung im *Dogenhof*, über die die *Montags-Zeitung* berichtete: »Die ganze Pracht, welche bei einem modernen Kaffeehause in Anwendung kommen kann, wurde aufgeboten, um das neueröffnete ›Cafe Dogenhof‹ in der Praterstraße 70 angenehm und behaglich zu gestalten. Der wahrhaft fascinirende Luxus hat schon gestern ein elegantes Publikum angelockt, und zweifelsohne wird das ›Cafe Dogenhof‹ der Sammelpunkt der feinsten Welt sein. Der Besitzer des neuen Cafés ist der alte und bewährte Cafétier Herr Leopold Spitzer, der als Inhaber des Jubiläums-Cafées in der Ausstellung [1898 im Prater] bei allen Gästen hohe Befriedigung erzielte. Auch im Cafe Dogenhof wird er rasch den besten Erfolg erzielt haben, denn sein Prinzip ist: gute Bedienung mit trefflichen Getränken.« In der Zeitschrift *Hans Jörgel von Gumpoldskirchen (Jörgel Briefe)* schwärmte ein unbekannter Autor: »Die Reichshauptstadt ist gewiß nicht arm an prunkvoll ausgestatteten Räumen, wo man auch behaglich ›in dolce farniente‹ seinen Mocca oder Kapuziner schlürfen kann, doch der ›Dogenhof‹ übertrifft die große Mehrzahl durch seine ebenso vornehm geschmack- wie stylvolle Ausstattung. In jeder Beziehung wird dieses Café seinem Namen

Die Fassade des Dogenhofes in Wien

gerecht, und nicht nur die innere Einrichtung ist eine wohldurchdacht künstlerische, sondern auch seine äußere Repräsentation in dem eben erstandenen italienischen Prachtbau eine ebenso imposante wie würdige.« Beworben wurde das Café von Leopold Spitzer in Inseraten um 1900 unter anderem mit den Worten »Elegantestes, exquisitestes, bestventilirtes Café des II. Bezirkes, mit allen Errungenschaften der Neuzeit ausgestattet. Ausgezeichnete Bedienung – Sämmtliche hervorragende Zeitungen des In- und Auslandes – Vorzügliche Getränke«.

Der Saal des Kaffeehauses weist noch heute eine prunkvolle, stilistisch teilweise an Tudorgotik orientierte Stuckdecke auf. Das

Gebäude beherbergte am Anfang nicht nur das Kaffeehaus und zahlreiche Wohnungen verschiedener Größe, auch Firmen hatten dort ihren Sitz, wie zum Beispiel die *Tiroler Marmor- und Porphyr-Gesellschaft*.

Eine größere Veränderung fand 1923 statt: Man setzte nachträglich ein Geschoß über dem Kranzgesims auf. Nachdem der venezianische Bau in der Praterstraße Ende des 20. Jahrhunderts immer mehr in seiner Bausubstanz bedroht war, beschloss man eine Sanierung. Mit zusätzlichen Mitteln aus dem Altstadterhaltungsfonds wurde die sechsgeschoßige Hauptfassade mit den großen Spitzbögen im Erdgeschoß und dem Mittelportal restauriert. Und so erstrahlt der *Dogenhof* seit 2008 in neuem Glanz.

Ein italienischer »Chineser« im Prater

Ein Gedenkstein am St. Marxer Friedhof (Wien) erinnert an das einstige Grab von Basilio Calafati, der noch heute untrennbar mit dem Wiener Wurstelprater verbunden ist. Wie schon der Name vermuten lässt, war er kein gebürtiger Wiener. Seine Familie dürfte ursprünglich aus Griechenland gekommen sein, sein Vater Georg (1756–1837) wurde in Zagora (Thessalien) geboren. Der Name an sich leitet sich jedoch aus dem Italienischen ab: Das Wort *Calafati* bezeichnet die Kalfater-Arbeiter, die zusammen mit den Pech-Arbeitern in Werften – wie jener im Arsenal von Venedig – dafür zuständig waren, die Räume zwischen den Schiffsplanken abzudichten.

Basilio Calafati kam am 1. Jänner 1800 im italienischen Triest auf die Welt, in jener Stadt, in der sein Vater Ende des 18. Jahrhunderts lebte. Basilio trat in den 1820er-Jahren als Zauberkünstler im Wiener Prater auf. Im April 1834 machte er sich selbstständig und kaufte seinem ehemaligen Chef, dem bayerischen Taschenspieler und Magier Sebastian von Schwanenfeld, eine Schaustellerhütte

Der »große Chineser«
im Wiener Prater

ab. Sechs Jahre später erwarb Basilio das Holzpferdekarussell
»Zum schwarzen Rössel«, welches er später zu einem Dampf-
wagenkarussell umbaute. Ein anonymer Schreiber schwärmte in
der Zeitschrift *Der Humorist* im August 1844 über das von Basilio
Calafati »ganz neu hergerichtete« Ringelspiel: »Es dürfte das
schönste Ringelspiel im Prater sein. Denken Sie sich ein wunder-
hübsches Zelt, prachtvoll roth und weiß dekorirt, in der Mitte ragt
eine Palme, schlank und stolz wie der nordische Weltbaum, die
Esche Ygdrasil, rund herum fahren ›zu ebener Erde wie im ersten
Stocke‹ die elegantesten Carossen, courbettiren, lançadiren, para-
diren, galoppiren, wettrenniren die allervortrefflichsten Rosse, ja
selbst ein Meerfräulein, ein sehr schmuckes, ein ganz allerliebstes
Meerfräulein dient als Zelter, die ganze vierfüßige Sippschaft müht

sich und eilt, und schnaubt, und keucht, um ja nur den stattlichen Carossen zur Seite zu bleiben, welche zwei höchst geschmackvolle Lokomotive dampfend und brausend im Kreise umherführen! Da werden die Knaben jauchzen und die Mädchen lachen! Da werden die Jungen in die Händchen klatschen und die Dämchen jubiliren. Da wird eitel Wonnen und Freude sein unter der Jugend!« Gleichzeitig mit der neuen Antriebsart bekam das Ringelspiel eine neue Bezeichnung: »Zum großen Chineser«. Die namensgebende, exotisch bemalte Holzfigur saß ab 1854 im Zentrum des Karussells – und dies 91 Jahre lang.

Basilio Calafati verstarb im Mai 1878 in einem Haus im Prater an Altersschwäche. Die Tageszeitung *Die Presse* widmete ihm zwei Tage nach seinem Tod eine kurze Meldung: »Der erste Besitzer des allbekannten Ringelspiels im Prater, Herr Calafati, ist, 78 Jahre alt, gestorben. Das Ringelspiel, das seinen Namen zu einem populären in Wien gemacht, wird schon seit Jahren von seinem Sohne geführt; die beliebte Firma kann auch fürderhin den Magnet für die junge Welt im Wurstelprater bilden.« Dieser Sohn, Eustach, war zumindest bis 1840 als »k. k. Gen. Consulats-Verweser« in Korfu tätig gewesen. Das Karussell im Prater blieb über mehrere Generationen im Familienbesitz und wurde erst 1923 verkauft. Bei den Kämpfen um Wien im April 1945 wurde es völlig zerstört. Schon davor war der Name des Besitzers, Calafati, auf die hölzerne Figur übergegangen. Mittlerweile erinnert nur mehr eine Nachbildung aus Kunststein, die man 1966 nach dem Entwurf der österreichischen Bildhauerin Ilse Pompe-Niederführ im Prater aufgestellt hat, an die italienisch-griechischen Spuren des »Chinesers«. Diese Figur ist noch heute eines der Wahrzeichen des Wiener Wurstelpraters. Kurios ist dabei die Tatsache, dass die Stadt Wien, als sie den Platz im Jahr 1963 nach dem ehemaligen Schausteller benannte, dessen Nachnamen falsch schrieb. Und so hieß der Platz lange Zeit – in falscher Schreibweise – *Calafattiplatz*. Neben dieser Ehrung gibt es eine weitere aus jüngerer Zeit: Auf der offiziell *Riesenradplatz* genannten Fläche im Wurstelprater steht der Schau-

Das Karussell »Calafati« im Wiener Volksprater um 1935

steller Basilio Calafati als überlebensgroße Bronzestatue und über-
blickt »seinen« Vergnügungspark. Wie populär er und sein
hölzernes Alter Ego waren und heute noch sind, zeigen zum Beispiel das 1924 veröffentlichte Lied *'s Chinesenringelspiel (Lied vom
Calafatti)*, der *Calafati-Marsch* (1968) und der Austropop-Song
Calafati (1984) von Peter Cornelius.

Doch kommen wir zum Grab von Basilio Calafati zurück. Seine
sterblichen Reste und jene seines Vaters Georg sind im Oktober 1905 vom St. Marxer auf den Wiener Zentralfriedhof überführt worden, wo sich sein eher schlichtes Grab abseits des Ehren-
hains noch heute erhalten hat. Die Exhumierung ist durch eine aus
heutiger Sicht kuriose Mitteilung im *Neuen Wiener Tagblatt* vom
31. Oktober 1905 verbürgt. In der Tageszeitung heißt es nämlich:
»Der Restaurateur und Inhaber des Karussells ›zum großen Chi-
nesen‹ im Prater, Herr Theobald Calafati, ersucht uns mit Beziehung auf die einer Lokalkorrespondenz entnommenen Mitteilung
über die Exhumierung Calafatis vor allem festzustellen, daß jener

Zeremonie nur die engsten Familienmitglieder beigewohnt haben. Das Grab von Georg und Basilio Calafati [auf dem St. Marxer Friedhof] sei nicht verfallen gewesen. Es befand sich in gutem Zustande, zumal es bestens gepflegt und von Zeit zu Zeit mit Blumen geschmückt wurde.« Es hat den Anschein, dass die – aus welchen Gründen auch immer – damals durchgeführte Exhumierung und die Wiederbestattung auf einem anderen Friedhof gegen den Willen der Familie erfolgte.

Am St. Marxer Friedhof findet sich ein zweites Grab mit dem Namen Calafati. Hier ist laut Inschrift Francisca Calafati (1791–1859) begraben. Ob sie wohl mit Basilio verwandt war?

Das ehemalige Grab von Basilio Calafati auf dem St. Marxer-Friedhof

Von Rom nach Österreich

Wie ein Papst zum Zirkus kam

Was um Himmels Willen hat ein Papst mit einem Zirkus zu tun? Und warum führt uns seine Spur ausgerechnet nach Österreich?

Erinnern wir uns an Papst Johannes XXIII.: 1881 in der Provinz Bergamo geboren, schlug der spätere Papst eine typische Kirchenkarriere ein. Nachdem er in Rom studiert und im Ersten Weltkrieg als Sanitätssoldat, Militärseelsorger und Feldkaplan gedient hatte, wurde er 1925 zum Bischof geweiht. Bis zum Zweiten Weltkrieg war der Kirchenmann in verschiedenen Ämtern und unterschiedlichen Ländern im Einsatz, unter anderem als Titularbischof von Aeropolis im heutigen Jordanien. 1944 wurde er als Apostolischer Nuntius nach Frankreich versetzt und 1953 schließlich zum Patriarchen von Venedig ernannt. Im Oktober 1958 erreichte seine Karriere den Höhepunkt in der Wahl zum 261. Papst der römisch-katholischen Kirche. Bekannt ist Johannes XXIII. vor allem als »Konzilspapst«: Im Oktober 1962 eröffnete er das Zweite Vatikanische Konzil, das der Kirche einige bedeutsame Reformen bescherte. Der Papst wurde wegen seiner Bescheidenheit und Volksnähe auch »Il Papa buono« – der gute Papst – genannt. Sein bürgerlicher Name war Angelo Giuseppe Roncalli. Womit die eingangs gestellte Frage beantwortet wäre: Dieser Papst hieß wie ein bekannter Zirkus. Oder ist der Zirkus etwa nach dem Papst benannt?

Die Spurensuche führt uns nach Österreich: In den 1970er-Jahren schrieb der Journalist Peter Hajek gemeinsam mit dem Künstler André Heller das Drehbuch für einen Zirkusfilm mit Erika Pluhar. Der Arbeitstitel lautete: »Sarah Roncalli, die Witwe des Mondes« – nach anderen Aussagen »Sarah Roncalli, die Toch-

Papst Johannes XXIII.

ter des Mondes«. Laut André Heller war der Name tatsächlich von
Angelo Giuseppe Roncalli inspiriert, dessen rundes Gesicht den
Künstler an den Vollmond erinnerte. Aus dem Film mit Erika Pluhar wurde nichts, doch im Jahr 1974 traf André Heller den Nieder-
österreicher Bernhard Paul, der zwar gelernter Hoch- und Tief-
bauingenieur sowie Grafiker war, dessen Herz aber schon von
Kindheit an für den Zirkus schlug. Paul fand in Heller einen kon-
genialen Partner, der seine Idee, einen Wanderzirkus neuer Art zu
gründen, maßgeblich unterstützte. Der Zirkus sollte nach Pauls
Vorstellungen ein Gesamtkunstwerk werden, und Heller schuf
dafür einen dramaturgischen Rahmen. Bei der ersten Pressekon-
ferenz des gemeinsam gegründeten »Circus Roncalli« im Oktober 1975 in Graz beschrieb Heller den neuen Zirkus wie folgt:
»Roncalli ist eine Revue, die sich der Mechanismen des klassischen

Circus bedient. Ein mobiles Theater wird den Menschen das Staunen, das Lachen und das Weinen vor den Türen ihrer Wohnungen ermöglichen.« Damals begründete Heller die Namenswahl des Zirkus damit, dass Papst Johannes XXIII. für ihn immer etwas von einem Clown gehabt habe – eine Aussage, die offenbar für Irritationen sorgte und einige potentielle Sponsoren abgeschreckt haben soll.

Die Weltpremiere des Circus Roncalli fand am 18. Mai 1976 in Bonn mit dem Programm »Die größte Poesie des Universums« statt – und war ein Flop. Erst die Vorstellungen im Juli in München brachten den erhofften Erfolg, den André Heller ausschließlich für sich verbuchte. Dieser Umstand führte bereits im August 1976 zu einem Bruch mit Bernhard Paul. Dabei war die Kluft zwischen den beiden so groß, dass der Circus Roncalli – obwohl er bereits auf Wochen ausverkauft war – in Konkurs gehen musste. Jahrzehnte später meinte Heller in einem Interview selbstkritisch, dass sein damaliges Verhalten zu Recht beim Jüngsten Gericht zur Sprache kommen werde.

Während André Heller das Zirkusprojekt aufgab und Bernhard Paul mit hohen Schulden zurückließ, hielt Letzterer an seinem großen Traum fest. Bei den Wiener Festwochen 1977 improvisierte er noch mit Studenten und Ersatz-Artisten, bevor er den Zirkus endgültig schließen musste. Nach einer Zeit mit Auftritten als Clown in Kaufhäusern, bei Ausstellungen und auf Festivals bereitete er schon ab 1978 eine Neugründung des Circus Roncalli vor. Der Schweizer Kabarettist Emil Steinberger half Paul nicht nur mit einem Darlehen, sondern unterstützte ihn auch mit tatkräftigem Einsatz. Im Juni 1980 war es so weit: Auf dem Kölner Neumarkt hieß es »Manege frei« für den neu eröffneten Circus Roncalli. Seither eilt der Zirkus von Erfolg zu Erfolg. Von seinem Stammsitz in Köln aus startet er regelmäßig zu gut besuchten Gastspielen in zahlreichen europäischen Städten. Auch der Fortbestand ist gesichert, arbeiten doch die drei Kinder Pauls bereits im Zirkusbetrieb mit, den sie später von ihrem Vater übernehmen wollen.

Der Circus Roncalli auf dem Wiener Rathausplatz

1992 kehrte Bernhard Paul nach Österreich zurück, wo er für die traditionsreiche Zirkusshow »Artisten – Tiere – Attraktionen« in der Wiener Stadthalle das Programm erstellte und Regie führte. Den eigenen Circus Roncalli brachte er erst 1993 nach Österreich – zum ersten Mal seit seinem Abschied im Zorn – mit einem Gastspiel auf dem Wiener Rathausplatz. 2009 folgten erstmals Graz und Linz; Jahre später im Rahmen einer Österreich-Tournee auch Innsbruck.

Die beiden zerstrittenen geistigen Väter des Zirkus, Bernhard Paul und André Heller, versöhnten sich übrigens in den späten 1980er-Jahren und gründeten tatsächlich einen weiteren gemeinsamen Zirkusbetrieb, in dem nur Clowns auftreten sollten: das Varieté »Wintergarten« in Berlin. Papst Johannes XXIII. alias Angelo Giuseppe Roncalli hätte sicher seine Freude daran gehabt …

Ein Teil von Rom in Wien?

Da die Stadt Rom in der Antike lange Zeit das Zentrum eines riesigen Reiches war, welches für Macht und Einfluss stand, verwundert es nicht, dass sich die Kaiser im Mittelalter – beginnend mit Karl dem Großen im Jahr 800 – auf das einstige Römische Reich und dessen Herrscher beriefen. Immerhin nannten sich die neuen Machthaber *Kaiser des Heiligen Römischen Reiches*, obwohl das antike Reich der Römer im westlichen Europa seit dem fünften Jahrhundert nicht mehr bestand. Unabhängig von dieser Tatsache bezogen die Kaiser der Neuzeit – die (mit einer kurzen Ausnahme) fast 400 Jahre lang durchgehend von den Habsburgern gestellt wurden – Rom und dessen Bauwerke immer wieder in ihre Selbstdarstellung mit ein, um Kontinuität zu vermitteln und die Herrschaft als Gottes Willen im christlichen Sinne zu legitimieren. Ein Beispiel für diesen Rückgriff auf das Römische Reich finden wir im Schönbrunner Schlosspark, der in mehreren Etappen ab Ende des 17. Jahrhunderts entstanden ist. Schönbrunn zählt mit dem Schloss, den direkt an das Schloss angrenzenden Gärten, dem weitläufigen Park und den zahlreichen Nebengebäuden und Parkarchitekturen zu den kultur- und kunsthistorisch bedeutendsten barocken Gesamtkunstwerken in Europa. Während der Regentschaft Maria Theresias (1717–1780) und ihres Mannes Franz Stephan von Lothringen (Kaiser Franz I., 1708–1765) wurde das Schloss Schönbrunn – neben Schloss Laxenburg – zum Sommersitz des Herrscherpaares, das ab 1743 die Gartenflächen vor dem Schloss erweitern ließ. Im Schlosspark übernahm man das geometrische System der Vorläuferanlage. Doch statt rechtwinkeliger Alleen durchzogen nun auch diagonal und sternförmig angelegte Alleen und Sichtachsen den Park.

Im Jahre 1772 entschloss sich Maria Theresia, eine weitere Veränderung der Anlage und die »Verschönerung« des Schönbrunner Berges in Angriff zu nehmen. Aus dieser Zeit stammt die weithin

Die Römische Ruine im Schlosspark Schönbrunn

sichtbare Gloriette. Im sogenannten östlichen Boskett (Wäldchen) ließ sie 1778 die »Römische Ruine« errichten. Die Entwürfe, die mehrere Phasen durchliefen, gehen auf den Architekten Johann Ferdinand Hetzendorf von Hohenberg (1733–1816) zurück. Er kopierte manche Bauteile vom Tempel des Vespasian und Titus auf dem Forum Romanum in Rom; der Bogen hingegen sollte Assoziationen zu den zahlreichen Triumphbögen der Römischen Antike wecken. Auffällig ist – im Gegensatz zu ähnlichen künstlich gebauten »Tempelresten« wie beispielsweise auf dem Galitzinberg in Wien Ottakring –, dass die Ruine in Schönbrunn mit ihrem regelmäßigen Grundriss perfekt in den auf Symmetrie ausgelegten Barockgarten eingepasst wurde.

Im Zentrum des Bassins der Römischen Ruine stellte man die beiden Flussgottheiten »Elbe« und »Moldau« des Bildhauers Wilhelm Beyer auf. Die Skulpturen, die ursprünglich für einen Brunnen im Großen Parterre (der ebenen Gartenfläche zwischen Schloss und Neptunbrunnen) gefertigt wurden, halten Krüge, aus denen Wasser strömt. Die personifizierten Flüsse sollen die Grenzen des Reiches markieren und somit die Größe des kaiserlichen Territoriums demonstrieren.

Im Errichtungsjahr 1778 hieß das Bauwerk »Ruine zu Schönbrunn«, bereits ein Jahr später wird es hingegen als »Ruine von Karthago« bezeichnet. Dieser neue Name hat auch damit zu tun, dass der Bau nach einer Entwurfsänderung »zerstörter« als ursprünglich geplant wirken sollte. Da sich die Habsburger als Nachfolger der siegreichen römischen Kaiser sahen, passte der neue Name gut zum Objekt: Denn die Römer hatten die Karthager nach langem Ringen besiegt. Deren Untergang sollte nun durch die halb versunkene und zerstörte Ruine dargestellt werden. Man wollte damit andeuten, dass auch die Habsburger als Kaiser des Heiligen Römischen Reiches ihre Feinde besiegen werden. Doch um 1800 kam die neue Bezeichnung »Römische Ruine« auf; sie setzte sich immer mehr durch, bis sich später kaum jemand an die einstige Namensgebung erinnerte. Ob sich der Franzose Alphonse de Fortia de Piles der Bedeutungszusammenhänge bewusst war, als er 1797 das Objekt kurz in seinem Werk *Reisen und merkwürdige Nachrichten zweier Neufranken durch Deutschland, Rußland, Polen und die Oesterreichischen Staaten* erwähnte? Er schrieb: »Die Grotte [!] ist weiter nichts als ein Wasserbecken, mit einem großen Bogen; man findet darin nichts als Ruinen von Statuen, Säulen, Büsten und zerstörte Basreliefs u. s. w.«

Das als künstliche Ruine gedachte Bauwerk hatte sich über die Jahrzehnte allmählich in eine tatsächliche Ruine verwandelt. Sie drohte in sich zusammenzustürzen und somit komplett verloren zu gehen. 1996 begann man mit der Sanierung, die aufgrund des schlechten Zustandes und der aufwendigen Vorarbeiten zehn Jahre dauerte. Der wesentliche Grund für die hohen Kosten war der Umstand, dass seit der Errichtung vor mehr als 200 Jahren keine nennenswerten Instandhaltungsarbeiten durchgeführt worden waren. Die Vorarbeiten wurden durch die Tatsache erschwert, dass sich zur Planungs- und Baugeschichte in den offiziellen Aktenbeständen bisher kein einziger Hinweis gefunden hat, was

Die künstliche Ruine diente als Machtsymbol.

die Erforschung der genauen Umstände der Entstehung leider bis heute unmöglich macht.

Neben der Römischen Ruine verweist auch der unweit gelegene, im Jahr 1777 errichtete Obeliskbrunnen auf das antike Rom. Hinter einem Wasserbecken befindet sich ein künstlicher Felsen mit zwei Grotten. Über der oberen Grotte ragt ein aus Steinblöcken gebildeter Obelisk auf, der von vier vergoldeten Schildkröten getragen wird. Der aufragende Obelisk war im Barock ein Symbol für die Standfestigkeit des Herrschers und die Stabilität seiner Herrschaft. Nachdem die Römer zahlreiche ägyptische Obelisken nach Rom gebracht haben, ist der Obelisk ein weiterer Hinweis auf die antike Stadt: Schönbrunn sollte als Herrschersitz des neuen Rom verstanden werden. Immerhin war Schönbrunn als Sommerresidenz der Habsburger über 175 Jahre lang eines der Machtzentren des Habsburgerreiches. Die gesamte Anlage symbolisiert den politischen Anspruch der Habsburger auf die Kaiserwürde als legitime Nachfolger der Römischen Kaiser sowie die Kontinuität des Herrscherhauses und die Vormachtstellung unter den Monarchen Europas.

Ein italienischer Papst schreibt über Wien

Den wenigsten Menschen, die durch das alte Allgemeine Krankenhaus in Wien-Alsergrund – heute Teil der Universität Wien – gehen, wird der Durchgang zwischen den Innenhöfen 7 und 8 auffallen, der einen ungewöhnlichen Namen trägt: *Piccolomini-Tor*. Eine Informationstafel weist uns auf den Grund dieser Benennung hin: Der Humanist Enea Silvio Piccolomini, der spätere Papst Pius II., trat mindestens zweimal an der Alma Mater Rudolphina – der heutigen Universität Wien – öffentlich auf. Das eine Mal im Jahr 1445 bei einem wissenschaftlichen Streitgespräch (Disputation) in Anwesenheit des späteren Kaisers Friedrich III. und des Herzogs Sigismund von Tirol. Der zweite Termin ist hingegen nicht genau bekannt.

Auch in anderer Hinsicht ist Piccolomini für die österreichische Geschichtsschreibung von Bedeutung, wie sich anhand seines interessanten Lebenslaufes zeigt: Enea Silvio Piccolomini wurde 1405 in Corsignano südlich von Siena als Mitglied einer alten und vornehmen Adelsfamilie der Republik Siena geboren. Mit 18 Jahren studierte er in Siena, ohne je einen akademischen Abschluss zu erlangen. Danach war er zuerst Sekretär beim Konzil in Basel, dann Sekretär von italienischen Bischöfen und Kardinälen sowie später sogar des Papstes. Schließlich wechselte er als Sekretär des römischen Königs und künftigen römischen Kaisers, des Habsburgers Friedrich III., vom geistlichen zum weltlichen Oberhaupt. Anfang 1443 zog Enea von Basel nach Österreich an den Hof Friedrichs III., welcher vorzugsweise in Wiener Neustadt residierte. Jahre später übernahm er zusätzlich die Funktion eines päpstlichen Sekretärs. Er war nun Diener zweier Herren. Sein Aufstieg als Priester in der römisch-katholischen Kirche begann im Jahre 1446 mit den sogenannten Niederen Weihen; es folgten unter anderem in Wien (!) die Weihe zum Bischof von Triest, das Amt als Bischof von Siena und 1456 die Ernennung zum Kardinal. Bereits im Mai 1455 war er für immer aus

Das »Piccolomini-Tor« im
Alten AKH

Wien in seine italienische Heimat abgereist. Die höchste Stufe in
der kirchlichen Hierarchie erreichte er 1458 mit der Wahl zum
Papst, wobei seine Amtszeit bis zu seinem Tod im Jahre 1464
durch eine stark ausgeprägte Günstlingswirtschaft (Nepotismus)
geprägt war.

Enea »mauserte« sich in seinem Leben vom Verfasser teils
anstößiger, im damaligen und heutigen Sinn erotischer Schriften
zum Nachfolger des Petrus. Ihn so weit wie möglich neutral zu
bewerten, scheitert daran, dass er selbst die Geschichtsschreibung
und Mythenbildung über seine Person durch seine Schriften (vor
allem seine *Commentarii*) massiv beeinflusst hat. Er arbeitete
konsequent an seiner Außenwirkung, an seinem Bild in der
Öffentlichkeit.

In Wien und Wiener Neustadt sowie allgemein in deutschsprachigen Landen fühlte sich der Humanist und Verehrer antiker
Dichter und Philosophen sichtlich nicht wohl. Er verachtete deren
Bewohner als »Barbaren«, die keine gesitteten Umgangsformen
(wie zum Beispiel beim Essen) hätten. Diese Abneigung zeigt sich

auch in den 1453 begonnenen und später zusammenfassend *Historia austrialis* (»Österreichische Geschichte«) genannten Texten, von denen drei Fassungen überliefert sind. Diese enthalten teils sehr abwertende Bemerkungen über die Menschen in seiner Wahlheimat. Für einen italienischen Humanisten des Jahrgangs 1405 waren sie alle Barbaren – kulturlos in jeder Hinsicht.

Für die österreichische Geschichtsforschung von Interesse ist die Tatsache, dass Enea Silvio Piccolomini einer der ersten war, welcher die Befestigung der Stadt Wien und deren Umfeld beschrieben haben, wobei sich die Aussagen je nach Textfassung und Übersetzung aus dem Lateinischen etwas unterscheiden. In einem spätestens 1455 fertiggestellten Text heißt es über die Stadt: »Wien ist im Umkreis von zweitausend Schritt mit Mauern umgeben; doch es hat sehr ausgedehnte Vorstädte, die selbst befestigt sind. Auch die Stadt selbst hat einen tiefen Graben und einen sehr hohen Wall; ihre Mauern sind sehr stark, mit zahlreichen Türmen und zur Verteidigung gerüsteten Vorwerken versehen.« Piccolomini mokiert sich über die Studenten in der Stadt, die nur Vergnügungen suchten und begierig nach Wein und Speisen seien: »Nur wenige werden wirklich Gelehrte, sie lassen sich auch nicht im Zaum halten, Tag und Nacht ziehen sie herum und sind für die Bürger eine wahre Plage.« Dass die Studenten dem Wein so zugeneigt waren, lag auch an der guten Versorgung der Stadt mit dem vergorenen Traubensaft. Laut Piccolomini dauerte damals die Weinlese 40 Tage; 300 mit Weintrauben beladene Wagen fuhren täglich zwei- oder dreimal in die Stadt hinein, um Wein anzuliefern. Außerdem stünde es jedem Bürger frei, in der Zeit bis Martini Wein von seinem Landhaus außerhalb Wiens in die befestigte Stadt zu bringen, deren Weinkeller so tief und geräumig seien, »dass man sagt, unter der Erde wäre ein zweites Wien«. Der Konsum des Weines dürfte auch ein Grund für Raufereien gewesen sein, die der Dichter und Philosoph kritisierte. Seinen Worten zufolge artete alle Augenblicke eine Rauferei aus. »Bald Handwerker gegen Studenten, bald Hofleute gegen Handwerker, bald gerät

Ankunft von Papst Pius II. in Ancona, Detail eines Renais-
sance-Freskos (1503–1508) von Pinturicchio

eine Zunft an die andere.« Selten liefe eine Feierlichkeit ohne »blu-
tige Köpfe« ab. In seinen Schriften und Briefen zeichnete Enea Silvio Piccolomini ein lange Zeit die Literatur bestimmendes Bild der
Stadt Wien und anderer Orte im heutigen Österreich, das von seiner deftigen Kritik an den sittlichen Zuständen im mittelalterlichen »Land der Barbaren« geprägt war – einem Land, dessen
Bewohner aus seiner Sicht den Wert der antiken Kultur und deren
Vorbildlichkeit im täglichen Handeln und Denken nicht anerkannt hätten. Ob die heutigen Besucher aus Italien wohl die Meinung Piccolominis in Bezug auf Wien teilen?

Carlo Ghegas Portrait zierte die im Jahre 1968 herausgegebene 20-Schilling-Banknote.

Architekten und Ingenieure

Ein Venezianer als österreichischer Eisenbahnpionier

Ob der Venezianer Antonio Ghega bei der Geburt seines Sohnes nur annähernd ahnte, dass dessen Porträt einst eine österreichische Banknote – den 20-Schilling-Schein – zieren und sein Nachwuchs ein Ehrengrab am Wiener Zentralfriedhof erhalten würde? Die Rede ist von Carlo Ghega, den die Österreicher meist schon in der Schule als »Karl Ritter von Ghega, Erbauer der Semmeringbahn« kennenlernen.

Carlos Vater Antonio war Verwaltungsbeamter im Arsenal von Venedig und Fregattenleutnant; von seiner aus Istrien stammenden Mutter Anna ist hingegen nichts Näheres bekannt. Carlo wuchs bei seinen Eltern im Stadtteil Castello auf. Der genaue Standort seines Geburtshauses an der *Fondamenta di San Gioachin* ist leider nicht mehr bekannt, auch wenn uns dies eine – heute meist von einem Werbetransparent verdeckte – Gedenktafel an einem Haus weismachen will.

Der am 10. Jänner 1802 geborene Carlo Ghega schrieb sich nach einer Grundausbildung in der Universität Padua ein, die er bereits 1819 als Doktor der Mathematik verließ. Mit seinem Eintritt in eine Kanzlei der venezianischen Baudirektion begann seine Laufbahn im Staatsdienst. Er war in fast allen Provinzen Norditaliens als Bauleiter im Einsatz und mit Straßen, Brücken, Wasserschutzbauten, aber auch Hochbauten wie Gerichts- und Gefängnisgebäuden beschäftigt, bis er im Jahre 1836 in das Planungsteam der privat finanzierten ersten österreichischen Eisenbahn, der *Kaiser Ferdinands-Nordbahn*, geholt wurde. Nachdem im Dezember 1841 der Bau von Staatsbahnen in Österreich beschlossen worden war,

In dieser »Gasse« im Stadtviertel Castello wurde Ghega geboren.

betraute man Ghega mit der Planung der zukünftigen *Südlichen Staatseisenbahn*. Schon im Mai 1842 wurde die Strecke Wien–Gloggnitz eröffnet, welche die bekannten Ausflugsorte der Wiener – wie Laxenburg, Mödling, Baden und Gloggnitz – erschloss. Im Oktober 1844 folgte die Eröffnung der ebenfalls von Ghega geplanten Strecke von Graz nach Mürzzuschlag. Die große Herausforderung war nun der Lückenschluss zwischen dem niederösterreichischen Gloggnitz und dem steirischen Mürzzuschlag und somit die Überwindung des Semmeringpasses. Auch aufgrund der Revolution des Jahres 1848 und der zunehmenden Arbeitslosigkeit wurde mit dem Bau der Semmeringbahn schon im August 1848 unter Leitung von Ghega, nun Generalinspektor der Staatseisenbahnen, begonnen. Da es zu diesem Zeitpunkt europaweit noch keine Lok gab, die die Steigung von 25 Promille bewältigen konnte, lud er im März 1850 – eineinhalb Jahre nach Baubeginn der Semmeringbahn – mittels einer weltweiten »Preis-Ausschreibung« alle Hersteller von Lokomotiven ein, eine neue Berglokomotive für die Semmeringstrecke zu konstruieren. Im August 1851 – also drei Jahre nach Baubeginn – fanden die Konkurrenzfahrten auf der damals schon fertiggestellten Teilstrecke Payerbach–Eichberg statt, bei der alle vier antretenden Lokomotiven die Anforderungen bei weitem übertrafen. Mit diesem Praxistest war der Bann gebrochen und die Arbeiten konnten vollendet werden. Ein Grund für die schnelle Fertigstellung war die Aufteilung der Arbeiten in 14 Abschnitte, sogenannte Baulose. Und auch hier gibt es eine inhaltliche Verbindung mit Italien, denn das Baulos rund um den berühmten Viadukt *Kalte Rinne* wurde an das italienische Bauunternehmen von Felix Tallachini übergeben.

Am 23. und 24. Oktober 1853 unternahm Ghega die ersten Probefahrten auf der Gesamtstrecke. Erster gesellschaftlicher Höhepunkt war im April 1854 die Besichtigung der Bahnlinie von Mürzzuschlag bis Gloggnitz durch den jungen Kaiser Franz Joseph anlässlich der Rückkehr von einem Jagdausflug. Am 16. und 17. Mai 1854 besuchte der Monarch die Semmeringbahn erneut, diesmal mit seiner jungen Ehefrau Elisabeth (Sisi) als Begleiterin. Am 17. Juli 1854 wurde die Bahn in Anwesenheit von Ghega »ohne Unfall und vom schönsten Wetter begleitet« (*Fremden-Blatt*) endgültig für den Personenverkehr freigegeben. Eine offizielle Eröffnung der Semmeringbahn fand jedoch nie statt: Der Kaiser hatte höchstpersönlich veranlasst, keine Feierlichkeiten vorzusehen. Die Gesamtstrecke Wien–Triest eröffnete man rund drei Jahre später. Der 1851 in den Ritterstand erhobene Karl Ritter von Ghega hatte das Projekt mit Bravour zu Ende gebracht.

Die seit 1998 zum UNESCO-Welterbe gehörende Semmeringbahn, die auf einer Länge von 41 Kilometern Gloggnitz und Mürzzuschlag verbindet, ist der höchstgelegene Teil der nach Triest führenden Südbahn. Dieser Streckenteil wurde als erste normalspurige Hochgebirgsbahn der Welt innerhalb von nur sieben Jahren unter Ghegas Planungs- und Bauleitung errichtet. 1854, im Jahr der Fertigstellung, war die in eine Wildnis gebaute Station »Semmering« der höchste Punkt der Erde, den man auf normalen Schienen erreichen konnte. Die Semmeringbahn war gleichzeitig

die erste Bahn, welche die Alpen in Nord-Süd-Richtung über-
querte und damit nicht nur den Norden mit dem Süden der österreichisch-ungarischen Monarchie verband, sondern auch einen
durchgehenden Schienenweg von Schlesien bis zum Adriahafen
Triest darstellte. Die verbesserte Verkehrsverbindung begünstigte
darüber hinaus die alpinistische Erschließung der Ostalpen. Um
die Wende vom 19. zum 20. Jahrhundert entstanden entlang der
Semmeringbahn Villenvierteln und Grand Hotels, in denen der
Adel und das gehobene Bürgertum gerne ihre Sommerfrische ver-
brachten.

Nach der Fertigstellung der Semmeringbahn wurde es allmählich stiller um Ghega. Dies hatte auch mit der Auflösung seiner
damaligen Dienststelle, der »Zentraldirektion für Eisenbahnbau-
ten«, zu tun. Da Ende 1858 alle Eisenbahnstrecken in Österreich in
privater Hand waren, hatte sich sein Arbeitsplatz sprichwörtlich in
Luft aufgelöst. Er wechselte daraufhin ins Finanzministerium,
ohne dort eine für ihn adäquate Aufgabe zu erhalten. Nicht ganz
eineinhalb Jahre später starb Ritter von Ghega in Wien eines
natürlichen Todes: an der Lungensucht (Tuberkulose) – und nicht,
wie immer wieder behauptet wurde, durch eigene Hand.

Von Carlo Ghega haben sich neben der Semmeringbahn an der
niederösterreich-steirischen Grenze auch zwei Spuren in Wien
erhalten: einerseits sein »Zweitgrab« auf dem Wiener Zentralfriedhof. Das ursprüngliche Grab befand sich laut Eintrag im Sterbebuch der Wiener Dompfarre St. Stephan auf dem »Allgemeinen
Währinger Friedhof«, dem Gelände des heutigen Währingerparks.
Carlo Ghega starb in der Wohnung mit der Adresse »Stadt Nr. 768«
(heute Lugeck 7/Rotenturmstraße 6) am 14. März 1860 um ein
Uhr nachmittags. Im Sterbebuch wird er als »Ghega Carl Ritter
von, k. k. Ministerial-Rath im Finanz-Ministerium, Comthur des
Franz-Joseph-Ordens, Ritter des Ordens der eisernen Krone
III. Classe, Ritter des Leopold-Ordens, Comthur des Toscanischen
Joseph-Ordens, etc etc. Dr. der Mathematik, Ehrenbürger von
Brünn und Triest, ledig, von Venedig gebürtig« bezeichnet. Das

Seelenamt wurde in der italienischen Nationalkirche in Wien, der Minoritenkirche, abgehalten. Das Begräbnis fand am 16. März am »Allgemeinen Währinger Friedhof« statt. Als dieser Friedhof im 18. Wiener Gemeindebezirk im Jahr 1874 geschlossen wurde, überführte man die sterblichen Überreste Ghegas auf den Zentralfriedhof am Rande der Stadt. Der Österreichische Ingenieur- und Architektenverein errichtete auf eigene Kosten ein Ehrengrabmal – als Hochgrab im Renaissancestil ausgeführt –, welches heute noch auffällig an der Hauptachse vom Eingang des 2. Tores zur Gedächtniskirche (»Lueger-Kirche«) steht. Das ursprüngliche Grab mit einer lateinisch verfassten Inschrift befindet sich heute im sogenannten Denkmalhain in einem abgesperrten Bereich des Währingerparks, der nur auf Anfrage zugänglich ist. Leichter ist es hingegen, die nach ihm benannten Straßen und Gassen zu besuchen. In Triest finden wir die *Via Ghega*; eine *Ghegastraße* existiert in 15 österreichischen Gemeinden, unter anderem in Wien, Wie-

Dampflokomotive mit zwei E-Loks auf dem Viadukt »Kalte Rinne«

ner Neustadt, Knittelfeld und Wels. Zusätzlich gibt es zehn Gassen, die nach ihm benannt wurden, etwa in Weiz und Oberwart, eine *Ghega-Allee* (Feldkirchen in Kärnten) und drei *Ghegawege*. In Venedig erinnert nur die bereits erwähnte Gedenktafel an seinem vermeintlichen Geburtshaus an der *Fondamenta di San Gioachin* an den gebürtigen Venezianer Carlo Ghega.

Die italienische Kulisse des »Jedermann«

Seit 1920 dient die Hauptfassade des Salzburger Doms – gemeinsam mit jenen der Residenz und der Erzabtei St. Peter – im Rahmen der Salzburger Festspiele als Kulisse für das »Spiel vom Sterben des reichen Mannes«. Das unter dem Namen »Jedermann« bekannt gewordene Theaterstück von Hugo von Hofmannsthal wurde bereits im Dezember 1911 unter der Regie von Max Reinhardt in Berlin uraufgeführt. Wo aber, so die berechtigte Frage, besteht hier ein Zusammenhang mit Italien? Die Antwort ist einfach: Ohne zwei italienische Architekten würde der Salzburger Dom heute anders aussehen; und wer weiß, ob der Platz vor der Hauptfassade des Doms mit einer anderen Planung überhaupt für die Aufführung des »Jedermann« geeignet wäre …

Die »italienische« Geschichte des Kirchenbaus begann in der Nacht zum 11. Dezember 1598, als ein Brand den mittelalterlichen Dom zerstörte. Der damalige Landesherr des Fürsterzbistums Salzburg, Fürsterzbischof Wolf Dietrich von Raitenau (1559–1617), wünschte, dass für eine weitgehende Erneuerung des romanischen Domes einige Teile abgerissen werden sollten; wer die Pläne dafür zeichnete, ist leider nicht überliefert. Bereits fünf Wochen nach dem Brand wurde mit den Abrissarbeiten begonnen. Im April 1602 kam es zu einem heute nicht mehr zu klärenden Stillstand der Abbrucharbeiten, der bis zum März 1606 andauerte. Wolf Dietrich fasste nun den Entschluss, alle Teile des alten Domes abreißen und einen kompletten Neubau errichten zu lassen. Der Ort für den Bau

Einst als Kern-
stück einer
»idealen« Stadt
geplant: der
Salzburger Dom

sollte gleich bleiben, die Ausrichtung des Gebäudes jedoch nicht,
sodass angrenzende Bauten ebenfalls abgerissen werden mussten.
Es dürfte Wolf Dietrich die Anlegung einer geordneten, »idealen«
Stadt, wie sie in Italien bereits oftmals umgesetzt worden war, vor-
geschwebt sein: ein Dom im Zentrum mit seitlich angrenzenden
Residenz- und Verwaltungsgebäuden. Jedenfalls beauftragte er im
Herbst 1603 den in Vicenza geborenen und damals in Venedig
lebenden Vincenzo Scamozzi (1548–1616) mit der Planung des
Neubaus. Vincenzos Vater Giovanni Domenico Scamozzi, um 1526
im Valtellina geboren, war Zimmermann. Von ihm lernte sein
Sohn Vincenzo den Umgang mit Baumaterialien sowie die Zim-
mermannstechnik und erhielt eine Unterweisung im Vermessungs-
wesen. Danach dürfte sich Vincenzo autodidaktisch weitergebildet

haben. Bekannt wurde er anfangs mit Bauten, die von anderen Architekten oder Baumeistern nicht vollendet werden konnten. So stellte er beispielsweise 1584/1585 den von Andrea Palladio begonnenen Bühnenraum des Teatro Olimpico in Vicenza fertig.

Vincenzo Scamozzi sah in Salzburg einen mit 139 Meter Länge monumentalen Bau (in der Größe des Florentiner Doms) vor. Ob damals auch Entwürfe anderer Architekten oder Baumeister vorlagen, muss unbeantwortet bleiben. Jedenfalls begann man im März 1611 mit der Fundamentierung des neuen Doms. Jedoch kam der Bau aufgrund des Krieges mit Bayern und der darauffolgenden Festnahme des Salzburger Fürsterzbischofs durch den bayerischen Herzog Maximilian sowie der damit verbundenen erzwungenen Abdankung Wolf Dietrichs zum Stillstand. Der im März 1612 gewählte Nachfolger als Fürsterzbischof, Markus Sittikus von Hohenems (1574–1619), verwarf das Projekt seines Vorgängers – und entschied sich für eine komplette Planänderung, wobei die Herkunft des planenden Architekten die gleiche blieb: Italien. Der Steinmetz und Baumeister Santino Solari (1576–1646) stammte aus Verna (Val d'Intelvi – ein Hochtal zwischen dem Comer und dem Luganer See). Wir wissen, dass er im Sommer 1600 in der Benediktinerklosterkirche Seckau (Steiermark) tätig war und ab Oktober 1612 bis zu seinem Tod – also 34 Jahre lang – als Hofbaumeister im Erzbistum Salzburg arbeitete.

Zahlreiche Männer mit Namen Solari – Mitglieder einer weitverzweigten Familie, vielleicht auch nur zufällige Namensvettern – waren vor seiner Zeit ebenfalls als Architekten oder Bildhauer, vor allem in Mailand, tätig gewesen. Santino Solari entwarf – neben dem Salzburger Dom – unter anderem das Schloss Hellbrunn (1612–1619), die Franziskuskirche in Wagrain (1616) sowie die Kirchen in Obertauern (1618–1620) und Taxenbach (1638–1641), die alle im Bundesland Salzburg stehen.

Wer Solaris Geburtsort – die Ortschaft Verna – besucht, sollte die Kirche aufsuchen, denn im Vorraum hängt eine Gedächtnistafel mit lateinischer Inschrift, die im April 1983 von der Gesellschaft für Salzburger Landeskunde bei einem Festakt angebracht wurde und die auf die Arbeit Solaris als Architekt des Domes in der Stadt Salzburg hinweist.

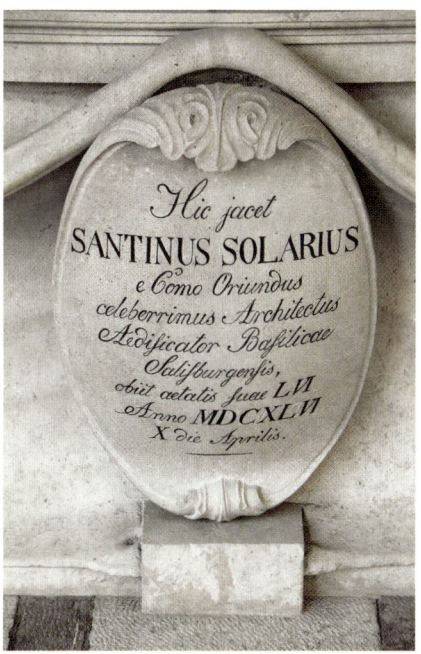

Das Grab Santino Solaris auf dem Salzburger Petersfriedhof

Die »italienischen« Spuren beim Salzburger Dom enden jedoch nicht bei Santino Solari, dessen Entwürfe zwischen 1614 und 1628 umgesetzt wurden, wobei man die Fassade mit leichten Veränderungen erst 1655 vollendete. Es ist die Mitteltür (Portaltür) in den Dom, bekannt als »Tor der Liebe« (*Porta dell'amore*), die uns nochmals in den Süden führt, denn dieses Kunstwerk stammt von dem in Bergamo geborenen Bildhauer Giacomo Manzù (1908–1991), dessen Ehefrau Inge einst als Primaballerina am Salzburger Landestheater tätig war. Von Manzù stammt auch die Skulptur »Kardinal« vor den Dombögen des Salzburger Doms, die einen Zugang zum Domplatz, und somit zum »italienischen« Kirchenbau, bilden.

Die zwei Gräber des Suezkanal-Planers

Bis zur Zusammenlegung mit Nachbargemeinden Ende 2015 war das Dorf Fiera di Primiero in der autonomen italienischen Provinz Trient die kleinste Gemeinde Italiens. Trotzdem spielten gleich zwei Personen aus diesem Dorf eine Rolle in der österreichischen Geschichte. Zum einen ist Gioseffa (Guiseppina) Negrelli (1790–1842) zu nennen. Sie kämpfte 1809 an der Seite ihres Vaters, des Bürgermeisters von Fiera di Primiero, im Tiroler Freiheitskampf gegen die napoleonischen Truppen. Zum anderen interessiert uns ihr Bruder Luigi Negrelli (1799–1858), der als Alois Negrelli Ritter von Moldelbe Berühmtheit erlangte – und in Wien begraben ist. Aber wie schon bei Carlo Ghega müssen Sie auf zwei Wiener Friedhöfe gehen, um sein Grab zu sehen. Sein ursprüngliches auf dem St. Marxer Friedhof ist nur mehr mit Spürsinn zu finden: Die Inschrift auf dem kleinen Stein, der vor langer Zeit durch das Kulturamt der Stadt Wien aufgestellt wurde, ist unleserlich geworden. Leichter ist es hingegen, das »Zweitgrab« auf dem Zentralfriedhof zu finden. Es liegt gleich neben dem Hochgrab von Carlo Ghega, der Trauzeuge bei Negrellis zweiter Eheschließung war.

Luigi Negrelli wurde im Jänner 1799 als Sohn einer deutschen Mutter und eines italienischstämmigen Vaters in einer gemischtsprachigen Region geboren. In den ersten zwei Lebensjahrzehnten war Italienisch seine bestimmende Sprache. Weil sein Vater für den Sohn den Eintritt in den technischen Staatsdienst vorsah, schickte er Luigi nach Innsbruck in eine Ingenieursschule. Da jedoch in der Tiroler Landeshauptstadt Deutsch gesprochen wurde, musste Negrelli seine Sprachkenntnisse deutlich verbessern. 1819 arbeitete er in der »k. k. Hof- und Landesbaudirection für Tyrol und Vorarlberg«. In seiner Funktion war er in den beiden Ländern an zahlreichen Straßenbauprojekten und Flussregulierungen beteiligt. Danach ging er als Inspektor für Straßen- und Wasserbau ins Schweizerische St. Gallen, um 1836 in Züricher Dienste zu wechseln. Ende 1839 wurde er gefragt, ob er als Gene-

Porträt Luigi Negrellis, Lithographie von August Prinzhofer, 1845

ralinspektor die Bauleitung der privaten *Kaiser Ferdinands-Nordbahn* übernehmen wolle, was Negrelli annahm. Doch etwas mehr als zwei Jahre später wechselte er erneut den Dienstgeber. Er war nun für den Staat tätig: als Inspektor der Generaldirektion der Staatseisenbahnen. Dort war er nun Kollege von Carlo Ghega, aber nur für kurze Zeit, denn bald trat Negrelli sein Amt als Leiter der Sektion für das Eisenbahnwesen im Ministerium für öffentliche Arbeiten an. 1850 erhob man Negrelli in den Ritterstand. In Anbetracht seiner einstigen Tätigkeiten bei der Regulierung der Moldau und der Elbe wählte er das Adelsprädikat »von Moldelbe«.

Negrelli gilt genauso wie Ghega als vielseitiger Ingenieurpionier des 19. Jahrhunderts. Er war an der Entwicklung des Eisenbahn- und Wasserstraßenwesens in den österreichischen Kronländern, der Schweiz und Oberitalien maßgeblich beteiligt. Jenes Werk, das man heute am ehesten mit ihm verbindet, ist jedoch der Suezkanal. Negrelli hatte einen hohen Anteil an der technischen Entwicklung dieses Schifffahrtskanals, der das Mittelmeer über die Landenge von Suez mit dem Roten Meer verbindet. Eine Durchstechung der Landenge wurde bereits Ende des 17. Jahrhunderts angedacht. Einen neuen Impuls erhielt die Idee durch die Expedition Napoléon Bonapartes nach Ägypten. In den 1830er-Jahren kam Negrelli mit der – vor allem von Franzosen ventilierten – Idee in Berührung und versuchte über Fachartikel das Interesse der österreichischen Öffentlichkeit zu wecken. Aus seiner Sicht ging es um ein bedeutendes Bauwerk zur Stärkung des Welthandels und – für die österreichische Monarchie wichtig – zur Verbesserung des Handelsverkehrs in der Adria. Die Förderer des Kanals entschlossen sich 1846 zur Konstituierung eines internationalen Vereines, der Anfang des folgenden Jahres in Paris als »Studiengesellschaft für den Suezkanal« offiziell gegründet wurde und in dem Fachleute auch aus England, Frankreich, Österreich und Deutschland vertreten waren. Um das Projekt voranzutreiben, rüstete Negrelli im März 1847 zu einer deutschsprachigen Expedition von Triest nach Alexandrien, um vor Ort alles ansehen und besprechen zu können. Wichtig war es auch, den osmanischen Statthalter in Ägypten positiv für das Projekt zu stimmen. Aber erst Jahre später – unter einem neuen Statthalter und dessen Vertrautem, dem Diplomaten Ferdinand de Lesseps – sollte wieder Schwung in die Angelegenheit kommen. Ende 1855 war Negrelli in Paris, wo erstmals eine »Internationale Kommission für den Suezkanal« zusammentrat. Kurz danach reiste Alois Negrelli erneut nach Ägypten zu einem Lokalaugenschein, diesmal gemeinsam mit Ferdinand de Lesseps und anderen Fachleuten. In der Zwischenzeit hatte sich herauskristallisiert, dass der Entwurf Negrellis – vor allem die Linienführung des schleusenlosen (!) Kanals betreffend – der sinnvollste der bisher präsentierten war. Daraufhin wurde Negrelli im April 1857 vom ägyptischen Gouverneur Muhammad Said zum Generalinspektor (technischen Leiter) sämtlicher Arbeiten am Suezkanal ernannt. Im April 1859 erfolgte der Spatenstich

Detail am Ehrengrab von
Luigi Negrelli auf dem
Wiener Zentralfriedhof

für den Kanal, der am 17. November 1869 feierlich eröffnet wurde. Zu diesem Zeitpunkt war Alois Negrelli aber schon seit vielen Jahren tot. Am 1. Oktober 1858 in Wien Alsergrund verstorben, hatte er nicht einmal den Baubeginn des Suezkanals erleben können.

Anlässlich des Jubiläums »60 Jahre Fertigstellung des Suezkanals« wurde im November 1929 in Anwesenheit von Bundespräsident Wilhelm Miklas das Ehrengrabmal auf dem Wiener Zentralfriedhof eingeweiht, welches an eine ägyptische Pyramide erinnern soll. Die *Arbeiter-Zeitung* berichtete über den Festakt: »Auf Anregung des Oesterreichischen Ingenieur- und Architektenvereines hatte die Gemeinde Wien bereits in der Vorkriegszeit ein Ehrengrab im Wiener Zentralfriedhof […] gewidmet.« Aber erst durch Spenden aus zahlreichen Ländern wurde es Jahre später möglich, ein Denkmal auf dem Ehrengrab zu errichten. Bei der Enthüllung waren auch Botschaftsvertreter aus Italien, Ägypten, Schweden und der Tschechoslowakei anwesend.

An dieser Stelle sei noch ein kleiner Hinweis für Freunde des Salzkammerguts angebracht: Ein Sohn von Alois Negrelli, der 1849 in Verona geborene Offizier Josef von Negrelli, heiratete die in Gmunden ansässige Gräfin Antonie von und zu Aichelburg. Die Gmundner Villa Aichelburg – auch Villa Negrelli genannt – blieb bis 1924 im Familienbesitz – und existiert noch heute.

Italienische Gastarbeiter am Arlberg

Bei Gastarbeitern denkt man mit großer Wahrscheinlichkeit zuerst an die 1960er-Jahre und an Männer aus dem damaligen Jugoslawien. Wenn wir an in Österreich arbeitende Italiener denken, dann fallen uns allen voran Eissalonbesitzer und Inhaber von italienischen Restaurants ein. Im 19. Jahrhundert prägten jedoch ganz andere Italiener das Bild vom »Arbeiter aus dem Süden«: Neben den Straßenhändlern in den Städten waren es vor allem Arbeiter auf Großbaustellen, die saisonweise in Österreich lebten. Ein Beispiel dafür ist der Bau der Arlbergbahn zwischen Tirol und Vorarlberg.

Bis in die 1880er-Jahre existierte keine Bahnverbindung zwischen dem »Ländle« und dem restlichen Österreich; von Vorarlberg gab es nur Bahnanschlüsse in die Schweiz, nach Liechtenstein und nach Bayern. Es war nur zu verständlich, dass man diesen Mangel beheben wollte. Erste Vorplanungen stammten aus den 1860er-Jahren, doch erst 1880 erteilte das Handelsministerium nach Vorliegen von Planstudien den Bauauftrag für den Bauabschnitt Innsbruck–Landeck und die Bergstrecke bis Bludenz. Im Sommer 1880 begannen die Bauarbeiten, die am 6. September 1884 mit der Freigabe der 136 Kilometer langen Gesamtstrecke – die erste Fahrt erfolgte mit einem Güterzug – endeten. Besonders umfangreich waren die Bauarbeiten beim Eisenbahntunnel zwischen St. Anton am Arlberg und Langen am Arlberg, der mit etwas über zehn Kilometer Länge noch heute einer der längsten Bahntunnel Österreichs ist.

Ausgeführt wurden die Bauarbeiten durch ein Konsortium aus zwei Firmen: jene der *Brüder Lapp* (Jacob, Daniel und Louis Lapp) und jene von Giacomo Ceconi (1833–1910). Letzterer stammte aus Pielungo (Gemeinde Vito d'Asio, Region Friaul-Julisch Venetien) und sollte nicht der einzige seiner Familie sein, der in Österreich später eine erfolgreiche Firma gründete: Giacomos Bruder Valentino Ceconi (1823–1888) übersiedelte kurz nach der Geburt seines Sohnes und späteren Firmenerben Jakob (1857–1922) mit seiner Familie nach Salzburg. Er gründete dort 1860 ein Bauunternehmen zur Ausführung von Wohn- und Geschäftshäusern, in dem er viele im Friaul angeworbene Saisonarbeiter einsetzte. Seine Tätigkeit tat Valentino Ceconi im April des Jahres per Zeitungsinserat kund: »Hierdurch mache ich die ergebene Anzeige, daß mir von der hohen k. k. Landes-Regierung die Concession als Stadtmaurermeister für die Stadt Salzburg verliehen wurde. Indem ich mir

Ostportal des Arlbergeisenbahntunnels, um 1884

Westportal des Arlbergeisenbahntunnels in Langen am Arlberg

erlaube dieß zur allgemeinen Kenntniß zu bringen, empfehle ich mich zur Uebernahme geneigter Aufträge im Baufache, und zwar ebensowohl für Neu- als Reparatur-Bauten, für deren solide Ausführung zu soliden Preisen ich garantire.« Bereits in den Jahren davor war Valentino immer wieder in Kärnten oder Salzburg auf Baustellen anzutreffen gewesen. In Salzburg ging das Geschäft so gut, dass sein Bauunternehmen, in dem sein Sohn Jakob 1884 Kompagnon wurde, um die Jahrhundertwende die größte Baufirma des Bundeslandes war und zu einer der größten im ganzen Alpenraum zählte.

Doch zurück zu dessen Bruder Giacomo Ceconi, der lange Zeit bei verschiedenen Eisenbahn-Baustellen in der österreichisch-ungarischen Monarchie tätig war und dann in Graz eine Baufirma betrieb: Er bot bei der Ausschreibung über den Bau des Arlbergtunnels mit, da er inzwischen genügend Erfahrung mit Eisenbahninfrastruktur hatte. So war er insbesondere beim Bau der Südbahn, der Gebirgsbahn Bayerisch Eisenstein–Deggendorf und der Bahnstrecke Tarvis–Pontafel tätig gewesen. Dass für Ceconis Bauunternehmen am Arlberg zahlreiche Italiener – meist aus dem Friaul oder dem Trentino – arbeiteten, lässt sich mehrfach belegen. So erteilte die Statthalterei für Tirol und Vorarlberg dem Bauunternehmer die Bewilligung, Italiener als Arbeiter einzusetzen. Ein weiterer Hinweis darauf findet sich in einem Inserat, welches Giacomo Ceconi – nun in St. Anton am Arlberg wohnend – im März und April 1882 mehrmals in den *Innsbrucker Nachrichten* schaltete. Er suchte einen Doktor der Medizin und Chirurgie, welcher »die nächsten 2 ½ Jahre in St. Anton am Arlberg beim Tunnelbau feste Stellung findet. Kenntnis der italienischen und deutschen Sprache wie längere Praxis in einem großen Spitale wird gefordert.« Für die Verköstigung der Arbeiter und Beamten vor Ort rief Ceconi in St. Anton am Arlberg einen eigenen Konsum-Verein samt Lebensmittelladen und Restaurant ins Leben, wobei die Arbeiter meist einen nicht unbedeutenden Teil ihres Lohnes als Lebensmittelmarken des Konsum-Vereines erhielten. Gleichzeitig ließ er eine eigene italienischsprachige Schule für rund 60 Kinder einrichten. Nach langem Bemühen wurde auch ein der italienischen Sprache kundiger Priester eingesetzt. Auffallend ist ebenfalls, dass die Arbeiter am 11. August 1881 Kaiser Franz Joseph, welcher die Tunnelbaustelle besichtigte, in ihrer Sprache mit dem Ruf »Evviva il nostro Imperatore Francesco Guiseppe« (Es lebe unser Kaiser Franz Joseph) begrüßten.

Im Mai 1885 erhob der Kaiser den Bauunternehmer Giacomo Ceconi in Anerkennung seiner Leistungen beim Bau der Arlbergbahn in den erblichen Adelstand. Über ihn und die Bauarbeiten erschienen bis zum Abschluss der Bauarbeiten unzählige Berichte in Zeitungen und Fachjournalen. Wenig las man hingegen über die vielen anonymen Bauarbeiter. Eine Ausnahme ist etwa ein Beitrag vom April 1882 in der Zeitung *Das Vaterland*. Hier wird von rund 2000 Arbeitern an der Ostseite des Arlbergs gesprochen, von denen »die überwiegende Mehrzahl« Italiener sind: »Die meisten der Arbeiter trieben sich schon lange auf Eisenbahnen herum, ja es gibt Italiener darunter, die Italien kaum je gesehen haben, die auf der Bahn geboren und erzogen wurden und von nichts Anderem wissen.« Immer wieder finden sich noch heute direkte und indirekte Spuren dieser italienischen Bauarbeiter, auch wenn diese mit der Zeit immer weniger werden. So stand im vorarlbergischen Innerbraz (Klostertal) bis zum Abriss 2015 das im Kern aus dem 14. Jahrhundert stammende *Haidhaus*, das viele Einheimische als *Gasthof Linde* kannten. Der ehemalige Gasthof lag an jenem alten Verkehrsweg, der Vorarlberg über den Arlberg mit Tirol verband. Unter anderem waren italienische Tunnelbauarbeiter im Haidhaus untergebracht. Die entsprechende italienische Aufschrift »Albergo« (Herberge) war noch bis zuletzt am Gebäude zu lesen.

Ein Genuese gestaltet das barocke Österreich

Etwas versteckt liegt in einer kleinen Ortschaft im niederöster-reichischen Marchfeld ein barockes Kleinod: der Pavillon des Schlossparks Obersiebenbrunn. Dieser geht einerseits auf den Bauherrn Prince François-Eugène de Savoie-Carignan (1663–1736), besser bekannt als Prinz Eugen, und andererseits auf den ausführenden Architekten Johann Lucas von Hildebrandt (1668–1745) zurück. Eugen ließ ab 1725 den Schlosspark in Obersieben-brunn gestalten. 1728 entstand der Gartenpavillon als Mittelpunkt eines Jagdsterns, wie man die heute nur noch selten erhaltenen strahlenförmigen Anlagen nannte, die vornehmlich dem Zweck der Jagd dienten. Der Park in Obersiebenbrunn ist sternförmig von acht Alleen durchzogen, die man vom Pavillon aus überbli-cken kann: Aus den vier Türen und vier Fenstern des Gebäudes blickt man in jeweils eine der acht Alleen. Doch wie kam Eugen zu seinem Architekten?

Barockes Schmuck-
stück: der Pavillon
des Schlossparks
Obersiebenbrunn

Dass Hildebrandt in der oberitalienischen Stadt Genua geboren wurde, lässt sein deutscher Name zunächst nicht vermuten. Sein Vater stammte aus einer deutschsprachigen Familie und war Hauptmann der genuesischen Armee, seine Mutter war eine gebürtige Italienerin. Der Sohn Johann Lucas kam am 14. November 1668 in Genua zur Welt. Nach eigenen Angaben erhielt er seine künstlerische Ausbildung beim Architekten und Bildhauer Carlo Fontana in Rom, wohin er um 1682 übersiedelt war. Ab etwa 1693 arbeitete er als selbstständiger Architekt und kehrte zunächst nach Genua zurück. In den Jahren 1695 und 1696 war er freiwilliger Feld-Ingenieur in der kaiserlichen Armee und machte als Festungsbauingenieur unter Prinz Eugen zwei Feldzüge im Piemont mit. 1696 zog Hildebrandt schließlich nach Wien, wo er – fast 50 Jahre lang – bis zu seinem Tod blieb, wenn er nicht gerade für Auftraggeber auf Baustellen außerhalb des Großraumes Wien tätig war. Sein erster großer Auftrag kam vom Generalfeldmarschall Heinrich Franz Graf von Mansfeld, der Hildebrandt beauftragte, ein Gartenpalais am Beginn des Wiener Rennwegs zu planen. Der Bau begann im Jahre 1697 und konnte bis zum Tod Mansfelds im Jahre 1715 nicht vollendet werden. Bekannt ist dieses Sommer-palais heute als *Schwarzenbergpalais*, benannt nach dem nachfol-genden Eigentümer Oberstallmeister Adam Franz Karl Fürst von Schwarzenberg, der den Weiterbau durch den damals berühmte-ren Architekten Johann Bernhard Fischer von Erlach veranlasste.

Seit diesem Auftrag arbeitete Hildebrandt nur mehr im zivilen Bereich. Im Jahr 1700 erhielt er auf eigenes Ansuchen hin eine Stelle als »kayserlicher Hoff-Ingenieur« (Hofbaumeister). In den folgenden Jahrzehnten war Hildebrandt für zahlreiche bedeutende Auftraggeber der Residenzstadt tätig. Für Prinz Eugen, den er seit den Feldzügen kannte, erweiterte er ab 1708 dessen Stadtpalais (Winterpalais) in der Wiener Himmelpfortgasse, dessen erste Bauphase 1696 unter dem Konkurrenten Johann Bernhard Fischer von Erlach begonnen hatte. Eugen beauftragte Hildebrandt nicht nur beim Stadtpalais und in Obersiebenbrunn, sondern auch für die Bauten des Belvedere, die zwischen 1712 und 1716 (Unteres Bel-vedere) bzw. 1717 und 1723 (Oberes Belvedere) errichtet wurden. Beim Oberen Belvedere musste Hildebrandt Jahre später noch einmal »einspringen«, als die Decke der Eingangshalle (Sala ter-rena) im Winter 1732/1733 einzustürzen drohte. Er zog ein Gewölbe mit vier freistehenden Atlanten ein, die noch heute den Eingangs-bereich optisch prägen. Für Eugen war Hildebrandt auch im Schloss Hof an der March tätig: Der Bauherr wollte den Garten gegen Osten bis in die Marchebene erweitern; sein Architekt plante gemeinsam mit dem Gärtner Anton Zinner die aufwendigen Ter-rassierungsarbeiten für vier Gartenterrassen, die noch heute ein wichtiger Teil der in den letzten Jahren rekonstruierten Anlage sind.

Beide – Zinner und Hildebrandt – waren gleichzeitig auch damit betraut, den Garten des Harrach'schen Gartenpalais in der

Wiener Ungargasse neu zu gestalten. Die Vielbeschäftigung der beiden führte auch zu Zwistigkeiten. So beschwerte sich Johann Joseph Philipp Graf Harrach, dass Anton Zinner und Johann Lucas Hildebrandt ständig auf anderen Baustellen tätig seien. Der Feldmarschall und Präsident des Hofkriegsrates Harrach lässt tief in die zwischenmenschlichen Beziehungen blicken, als er 1730 in einem Brief schreibt, dass ihn Hildebrandt, »der verfluchte Kerl«, so aus der Fassung bringe, »das er ime möchte in die Ohren beissen.« Für die Harrachs hatte Hildebrandt bereits früher gearbeitet, denn zwischen 1701 und 1711 ließ Alois Thomas Raimund Graf Harrach das heute noch bestehende Schloss Halbturn (Burgenland) von ihm neu errichten. Dieser konzipierte den Bau als einflügelige Anlage mit hufeisenförmig-dreiteiligem Hof, die nach 1724 erweitert wurde. Der Familie Harrach ist es auch zu verdanken, dass wir in der Stadt Salzburg einen – nach einem Brand 1818 nur teilweise erhaltenen – Bau Hildebrandts besichtigen können: Der Salzburger Fürsterzbischof Franz Anton von Harrach berief nach seinem Amtsantritt 1709 Johann Lucas von Hildebrandt zur Umgestaltung des Schlosses Mirabell in die damalige Residenzstadt des Fürsterzbistums Salzburg. Der italienische Name des Schlosses stammt von einem seiner Vorgänger, Fürsterzbischof Markus Sittikus von Hohenems, und bedeutet »wunderbar« (von *mirabile*).

Neben der Familie Harrach waren Mitglieder der gräflichen Familie Schönborn *die* Auftraggeber Hildebrandts. So stammen die Pläne für das zwischen 1706 und 1711 errichtete Gartenpalais Schönborn im achten Wiener Bezirk von ihm. Für den Reichsvizekanzler und späteren Fürstbischof von Würzburg, Friedrich Karl Graf Schönborn, entwarf er auch das Schloss im niederösterreichischen Göllersdorf (Weinviertel) samt dem noch heute auffälligen Komplex der Orangerie. Die Beziehungen Hildebrandts zum Reichsvizekanzler Schönborn führten auch zu den Entwürfen für die beiden niederösterreichischen Pfarrkirchen Aspersdorf (Hollabrunn) und Stranzendorf (Weinviertel).

Der Plan für die unvollendet gebliebene Anlage von Stift Göttweig stammt von Hildebrandt.

Zumindest einmal war der Architekt auch für die katholische Kirche direkt tätig: Nach einem Großbrand 1718 ging der barocke Neubau des Stiftes Göttweig (Wachau) nach seinen Plänen in den ersten Jahren zügig, dann immer schleppender voran, bis er nach 1750 ganz eingestellt wurde, sodass in Summe nur rund zwei Drittel der Planung umgesetzt wurden.

Der einzige größere kaiserliche Bauauftrag des mehr als 40 Jahre in kaiserlichem Dienste stehenden und 1720 geadelten Hildebrandt war die 1717 bis 1719 durchgeführte Errichtung der Geheimen Hof- und Staatskanzlei in Wien, welche wir heute als Bundeskanzleramt kennen. Immerhin erhielt Johann Lucas im April 1723 nach dem Tod von Johann Bernhard Fischer von Erlach die Stelle als sogenannter Erster Hofbaumeister. Mehr als 20 Jahre später, in der Nacht vom 16. auf den 17. November 1745 starb Johann Lucas von Hildebrandt im Alter von 77 Jahren in der Stadt Wien. Anlässlich seines Todes wurde in der Domkirche St. Stephan ein »gros

Geläuth« abgehalten, wie im Sterbebuch vermerkt wurde. Man setzte ihn in der Gruft von St. Stephan bei; auf seinen ausdrücklichen Wunsch hin erinnert noch heute ein Epitaph in der Pfarrkirche Mariabrunn im Westen Wiens an seine Person.

Christkindls italienischer Vater

Ein aus Wachs geformtes, zehn Zentimeter hohes Christkind war 1699 der Grund für die Errichtung einer kleinen Gnadenkapelle am Rande der oberösterreichischen Stadt Steyr. Im Laufe weniger Jahre wurde das verehrte »Christkindl« von einer immer stärker wachsenden Zahl von Kranken besucht, die auf Heilung ihrer Leiden hofften. Nach mehrjährigen Streitereien zwischen dem Abt des nahen Klosters Garsten und dem Bischof von Passau wurde erst 1708 offiziell der Grundstein für eine eigene Wallfahrtskirche gelegt, deren Planung und Ausführung inoffiziell bereits 1702 begonnen hatten. Im kleinen Gnadenbuch mit dem Titel »Wunderwürckender Lebens-Baum« aus dem Jahr 1712 werden nicht nur die Gebetserhörungen und Heilungen aufgelistet, sondern auch der Name des Architekten und Baumeisters der Kirche genannt: Carlon. Es dürfte sich bei ihm nicht – wie manchmal behauptet – um den Stuckateur und Baumeister Giovanni Battista Carlone, sondern um den Baumeister Carlo Antonio Carlone handeln, der um 1635 im italienischen Scaria (Provinz Como) geboren wurde. Nach dessen Tod 1708 übernahm der Architekt Jakob Prandtauer (1660–1726) die Ausführung der Kirche in der nach der Wachsfigur benannten kleinen Ortschaft Christkindl. Prandtauer dürfte das vorgegebene Architekturprogramm Carlones im Großen und Ganzen weitergeführt haben. Heute ist der äußere Eindruck der Kirche durch die im Jahre 1880 erhöhten Türme ein anderer. Der Wallfahrtsort ist darüber hinaus auch durch das Weihnachtspostamt bekannt: Im Jahre 1950 wurde zum ersten Mal dieses spezielle Postamt eingerichtet, das seit damals jedes Jahr – beginnend mit dem ersten Adventsonntag bis zum 6. Jänner – geöffnet hat und Tausende Menschen anzieht, die hier einen Brief an das Christkind aufgeben oder Sonderbriefmarken erwerben.

Im Gegensatz zur relativ kleinen Wallfahrtskirche in Christkindl »thront« das oberösterreichische Stift Kremsmünster (südlich von Linz) deutlich sichtbar über dem Talboden des Flusses Krems. Neben den beiden Kirchtürmen ist es vor allem der sogenannte Mathematische Turm mit Sternwarte, der die Silhouette des Klosters prägt. Aber wer weiß schon, dass so manches in diesem Kloster auf denselben italienischen Baumeister zurückgeht … Das Stift Kremsmünster existiert bereits seit dem Jahre 777. Wie die meisten Klosterkomplexe entstand es nicht auf einmal, sondern wurde immer wieder erweitert. Die größte Veränderung der Bausubstanz gab es unter dem baufreudigen Abt Erenbert Schrevogl (1634–1703). In dieser Zeit war Carlo Antonio Carlone für

Christkindl in Oberösterreich

Die Stiftskirche
Kremsmünster in
Oberösterreich

den Abt tätig. Fast jedes Jahr wurden nun Bauteile abgerissen und
neue errichtet. So baute man ab 1682 den Konventtrakt vollständig
um; die Mönche erhielten erstmals Einzelzimmer. Carlone arbeitete am Neubau des Kirchenportalvorbaues und an der Barockisie-
rung der beiden Kirchtürme, die 1705 abgeschlossen wurde. Das
Refektorium – der große Speisesaal der Mönche – wurde ebenfalls
von ihm geschaffen. Auf ihn gehen auch die bekannten Fischkalter
gleich neben dem Eingangstor zurück. Carlo Antonio Carlone
ersetzte 1690 bis 1692 die ursprünglichen Fischbehälter aus dem
ersten Jahrzehnt des 17. Jahrhunderts durch vier neue Becken. Um
1717/1718 ergänzte Jakob Prandtauer die Anlage und umgab sie mit
Arkaden. So entstand das jetzige, aus fünf Becken bestehende

symmetrische Ensemble, das eines der zahlreichen Sehenswürdigkeiten im Stift Kremsmünster ist. Die Planung des beeindruckenden, rund 300 Quadratmeter großen Kaisersaales, der nach 25 Jahren Bauzeit 1721 fertiggestellt wurde, geht ebenfalls auf Carlo Antonio Carlone zurück. Eine mit illusionistischer Malerei versehene Decke lässt den Saal höher wirken als er tatsächlich ist.

Bekannt ist Carlo Antonio Carlone auch als Architekt der oberösterreichischen Stiftskirche St. Florian. Im Jahr 1686 wurde der Grundstein für die neue Kirche gelegt, die 77 Meter lang ist und ein Kuppelgewölbe mit einer Höhe von beachtlichen 36 Metern aufweist. Auch das sehenswerte zentrale Treppenhaus im Stift stammt in seiner Grundkonzeption von Carlone, der dessen Fertigstellung nicht mehr erlebte. Auch hier übernahm Jakob Prandtauer die Baustelle.

Eine weitere Spur zu Carlo Antonio findet sich in Schlierbach. Die Planung des dortigen Stiftes in der heutigen Form hatte schon unter seinem Vater begonnen, dem Baumeister Pietro Francesco Carlone (1607/1608– um 1681). Pietro Francesco war als »Kloster-

Deckenfresko des Kaisersaales im Stift Kremsmünster

und Kirchenarchitekt« im Laufe seines Lebens in Kärnten, in der Steiermark und in Oberösterreich tätig, so zum Beispiel in Gurk, Göß, St. Georgen am Längsee, Seckau und Garsten. Sein Sohn Carlo Antonio war einer seiner Mitarbeiter und führte nach dem Tod seines Vaters die nicht abgeschlossenen Klosterbaustellen weiter. Wir kennen nun seine wichtigsten Arbeiten und den Namen seines Vaters. Doch die Familie Carlone war weitverzweigt; der Name begegnet uns in vielen Publikationen über Klöster. Aus welchem Umfeld stammte also Carlo Antonio?

Er wurde in der Ortschaft Scaria im Val d'Intelvi geboren, einem kleinen Tal zwischen dem Comer und dem Luganer See. Aus dieser Gegend stammen Dutzende Vertreter der Familie Carlone, die beginnend mit dem 16. Jahrhundert als Baumeister, Architekten, Maurer, Stuckateure und Maler in Mitteleuropa arbeiteten. Anfangs kehrten die »Wanderkünstler« aus dieser Familie aufgrund von Familienangelegenheiten oder für die Ausarbeitung von Entwürfen im Winter nach Italien zurück. Später wurden sie zum Teil an ihren Arbeitsorten sesshaft. Da einige von ihnen gleichlautende Vornamen haben, viele in Werkstätten zusammenarbeiteten und manchmal auch die Grenzen ihrer jeweiligen Profession überschritten, wurden manche Bauten und Kunstwerke falschen Familienmitgliedern zugeschrieben.

Neben zahlreichen Baumeistern und Stuckateuren zählt zur Familie auch ein bedeutender Freskenmaler, der ebenfalls in Scaria geboren wurde: Carlo Innocenzo Carlone (1686–1775), den Prinz Eugen 1715 nach Wien rief. Für ihn malte er das zentrale Fresko im Marmorsaal des Oberen Belvedere (»Ewiger Ruhm des Hauses Savoyen«) und die Deckenfresken in der Kapelle. Ebenso gestaltete er die Decke der Kapelle von Schloss Hof. Bereits 1708 hatte Carlo Innocenzo den ersten selbstständigen Auftrag für die Ursulinenkirche in Innsbruck erhalten. Auch Teile der Deckenfresken im Wiener Stadtpalais Daun-Kinsky stammen von ihm. Wie viele seiner Familienmitglieder, arbeitete Carlo Innocenzo im Laufe der Zeit mit Verwandten zusammen. Man spricht bei den

Carlones daher auch vom »Arbeiten im Familienverband« und mit Fug und Recht von einem florierenden Familienunternehmen im weitesten Sinne des Wortes.

Ein Friulaner in Diensten von Maria Theresia

In der im Friaul liegenden Stadt Gorizia (Görz) wurde um 1685 der spätere Steinmetzmeister Johann Stephan Pacassi geboren, der Anfang des 18. Jahrhunderts nach Wien ging. Später verlegte er seinen Wohnsitz nach Wiener Neustadt, wo er im Juni 1715 die Witwe eines Steinmetzmeisters heiratete. Neun Monate nach der Hochzeit kam in dieser Stadt ein Sohn auf die Welt, der auf den Namen Nicolaus Franciscus Leonardus getauft wurde. Damals konnte noch niemand ahnen, dass dieser einst das Bild der kaiserlichen Stadt Wien als Architekt wesentlich mitprägen sollte.

Nicolaus Pacassi dürfte nicht in Wiener Neustadt, sondern in Görz aufgewachsen sein, wobei über seine Ausbildung nichts Näheres bekannt ist. Wir können davon ausgehen, dass er bei seinem Vater in der Werkstatt mitarbeitete. Sein erstes Projekt als

Pacassis erster Auftrag als eigenständiger Architekt: die Vollendung des Palazzo Attems-Santa Croce in Gorizia (Görz)

eigenständiger Architekt war die Vollendung des Palazzo Attems-Santa Croce in Görz, die von der dort ansässigen Adelsfamilie Attems beauftragt wurde. Vertreter eines anderen Familienzweiges (Attems-Petzenstein) ermöglichten Nicolaus 1743 mittels einer Empfehlung die Reise nach Wien und eine Tätigkeit am kaiserlichen Hof. 1745 ernannte man den bald 30-Jährigen zum Unterhofbaumeister. Es war der Beginn einer steilen Karriere. Die Monarchin Maria Theresia beschäftigte Pacassi relativ rasch bei wichtigen Bauaufgaben: von 1743 bis 1745 beim Umbau von Schloss Hetzendorf südlich von Wien und ab 1743 beim Umbau der kaiserlichen Sommerresidenz Schloss Schönbrunn, die einst von Johann Bernhard Fischer von Erlach geplant worden war. Maria Theresia ließ unter anderem Fischer von Erlachs kreisförmige Treppenanlage vor dem Mittelrisalit des Schlosses entfernen und durch eine geschwungene zweiläufige Freitreppe ersetzen. Dadurch war es möglich, im Untergeschoß eine offene Durchfahrtshalle in den Park zu schaffen, sodass man auch bei Schlechtwetter trockenen Fußes die Kutsche verlassen und ins Schloss gelangen konnte. Seit der Umsetzung eines Besucherlenkungskonzepts in den 1990er-Jahren ist dieser zentrale Durchgang zur weiträumigen Gartenanlage gesperrt. Nicolaus Pacassi ließ in Schönbrunn bei der zweiten Umbauphase zwischen 1754 und 1765 die Raumfolge der Gemächer neu ordnen. Es entstanden die Festsäle (Große und Kleine Galerie) mit den Freskenallegorien zur Verherrlichung des Herrscherpaares Maria Theresia und Franz Stephan, die chinesischen Lackkabinette und mehrere Zimmer mit kostbaren Holzvertäfelungen und Fresken. Mit großer Wahrscheinlichkeit stammen auch die Pläne für das 1754/1755 errichtete, 186 Meter lange Orangeriegebäude, welches heute als Winterquartier für Pflanzen und als Veranstaltungsraum genutzt wird, von Pacassi. Er dürfte außerdem das in einem der sogenannten Heckenquartiere errichtete und bis heute erhaltene Taubenhaus entworfen haben.

Laut einer Besoldungsliste vom November 1750 verdiente Pacassi als Mitarbeiter des Hofbauamtes 375 Gulden pro Quartal.

Mit großer Wahrscheinlichkeit stammen die Pläne für das Orangeriege-bäude in Schönbrunn von Pacassi.

Im Vergleich dazu bekamen sein Chef, der Generalbaudirektor Adam Philipp Losy von Losymthal, und der Bauinspektor Jean Nicolas Jadot de Ville-Issey je 1000 Gulden; der Schönbrunner Gärtner Joseph Hätzl erhielt 112 Gulden pro Quartal.

Pacassi war in den 1750er-Jahren zu einem wichtigen Architek-ten aufgestiegen. Die Liste der Bauaufgaben für den kaiserlichen Hof und für Adelige in Wien und Niederösterreich reicht von Um- und Erweiterungsarbeiten in der Favorita (dem heutigen There-sianum), in der Wiener Hofburg (Hofbibliothek, Redoutensaal-trakt, Amalienburg, Altes Hoftheater) bis zu Neu- und Umbauten in Laxenburg (kaiserliches Schlosstheater, Pfarrkirche) und Arbei-ten im Schloss Niederweiden im Marchfeld.

Auch in den anderen Residenzstädten des Vielvölkerreiches, wie Pressburg (Bratislava), Ofen (heute ein Stadtteil von Budapest) und Prag, war Pacassi in den 1750er- und 1760er-Jahren für die Monarchin Maria Theresia tätig. So entwarf er beispielsweise eine neue Fassade für die Prager Burg am Hradschin. In ähnlicher Weise wie in Prag ging er auch bei der neuen Fassadengestaltung des Rennwegtraktes der Innsbrucker Hofburg vor. Darüber hinaus war er auch in Mailand (Palazzo Reale), in Klagenfurt (Palais der Erzherzogin Maria Anna, heute bischöfliche Residenz) und in Innsbruck (Hochaltar in der Hofkirche) als Architekt tätig.

Bei einigen Schlossbauten werden ihm Errichtung oder Umbauten zugeschrieben, wobei in vielen Fällen nicht klar ist, ob Pacassi tatsächlich der planende Architekt war. Dies gilt zum Beispiel für das einst in Niederösterreich, heute im Süden Wiens gelegene Schloss Alt-Erlaa des Fürsten Georg Adam Starhemberg.

Der frühe Erfolg seiner Bautätigkeit brachte Pacassi bereits 1749 die Ernennung zum sogenannten Zweiten Hofarchitekten ein. Er blieb in den folgenden Jahren der führende Baukünstler des kaiserlichen Hofes. 1753 übernahm er im Hofbauamt die Stelle des Ersten Hofarchitekten von dem bereits erwähnten Jean Nicolas Jadot de Ville-Issey. Im Oktober 1772 schied er aus dem Dienst aus. Der Grund dürfte in seinem – einst von Maria Theresia gelobten – hohen Arbeitstempo begründet gewesen sein, welches immer wieder zu Baumängeln führte. In Gorizia, jener Stadt, in der sein Vater geboren wurde und in der er selbst viele Jahre lebte, erinnert noch heute der von ihm entworfene Neptunbrunnen an ihn. Der Brunnen ist Zentrum der Piazza della Vittoria, laut Christine Casapicola das »Wohnzimmer der Stadt« – ein völkerverbindendes Zeugnis des 1790 in Wien an einem Schlaganfall verstorbenen Architekten, der das architektonische Bild Ostösterreichs im Spätbarock und Frühklassizismus deutlich geprägt hat.

Künstler und Musiker

Zwei italienische Bäckersöhne in Heiligenkreuz

Es ist ein merkwürdiger Zufall, dass zwei in Italien geborene Bäckersöhne in der Stiftskirche von Heiligenkreuz (Niederösterreich) ihre letzte Ruhe fanden: der Bildhauer Giovanni Giuliani und sein Zeitgenosse, der Maler Martino Altomonte. Kein Zufall ist es jedoch, dass diese beiden einen großen Einfluss auf die sakrale Barockkunst in Österreich hatten, wie noch heute Hunderte Kunstwerke aus ihrer Hand zeigen.

Martino Altomonte wurde unter dem Namen Johann Martin Hohenberg (Hochenberg) als Sohn eines Tiroler Bäckers und einer bayerischen Mutter 1657 oder 1659 in Neapel geboren. Der Vater war Teil einer kleinen deutschsprachigen Kolonie von Handwerkern im Großraum Neapel. Ungewiss ist, ob Martin bereits in seiner Heimatstadt Neapel Malunterricht erhielt. Unabhängig davon dürfte er im Alter von 15 Jahren nach Rom gegangen sein, um dort bei zwei Malern in die Lehre zu gehen. 1684 wurde er von Johann III. Sobieski, dem König von Polen, als Hofmaler nach Warschau berufen. Da er in Italien geboren und ausgebildet worden war und in seinem ganzen Leben meist Italienisch schrieb und redete, italienisierte er bei der Reise nach Warschau seinen Vor- und Nachnamen auf Martino Altomonte, um dem ausdrücklichen Wunsch des Königs nach einem italienischen Künstler voll zu entsprechen.

Um das Jahr 1700 – einige Jahre nach dem Tod des Arbeitgebers – übersiedelte Martino mit seiner Familie nach Wien. Zwischen 1719 und 1728 war er in Linz ansässig und hatte eine Werkstatt im oberösterreichischen Augustiner-Chorherrenstift St. Florian, von wo aus er auch für andere oberösterreichische Klöster tätig war.

Bartolomeo Altomonte machte sich bei der Signatur der Freskenmalerei in der Stiftsbibliothek Admont einige Jahre jünger.

Beispielsweise schuf er für den beeindruckenden Kaisersaal des Benediktinerstifts Kremsmünster die stattliche Summe von 15 in die Wand eingelassenen Porträtbildern, die Herrscher aus dem Hause Habsburg zeigen. Martinos Hauptaufgabengebiet war jedoch das Malen – später hauptsächlich das Entwerfen – von Altarbildern. So stammt die Entwurfsskizze für das Deckenfresko des Kaisersaals im Stift St. Florian von ihm. Die Ausführung übernahm sein Sohn Bartolomeo, der auch die Deckenfresken im Sommerrefektorium, in der Prälatensakristei und im Bibliothekssaal schuf.

Im Jahr 1717 war Martino erstmals in Heiligenkreuz tätig. Es war der Beginn einer engen Bindung an das Zisterzienserstift; fast 30 Gemälde aus seiner Hand haben sich hier bis heute erhalten. Altomonte erhielt um 1729 eine Werkstatt im stiftseigenen Wirt-

schaftshof in Wien, der noch heute als »Heiligenkreuzerhof«
bekannt ist. In seinen beiden letzten Lebensjahrzehnten war er
auch für die Klöster in Lilienfeld, Zwettl und Wilhering tätig. Martino starb am 14. September 1745 im Heiligenkreuzerhof; zwei
Tage später wurde sein Leichnam – wie im Sterbebuch der Dompfarre St. Stephan vermerkt – nach Heiligenkreuz überführt und
in der Stiftskirche bestattet. Eine Inschriftentafel an einem Langhauspfeiler erinnert an ihn.

Wie zu jener Zeit nicht unüblich, trat Bartolomeo Altomonte
(1694–1783) in die beruflichen Fußstapfen seines Vaters. Geboren
in Warschau und ausgebildet in Bologna, Rom und Neapel, ist
Bartolomeo als Freskenmaler bekannt geworden – unter anderem
mit seiner Arbeit im steirischen Benediktinerstift Admont. Das im
Jahr 1074 gegründete Kloster wurde im Zuge der regen Bautätigkeit in der Barockzeit umgestaltet. Der Baumeister Johann Gott-
hard Hayberger begann um 1735 mit dem großzügigen Umbau der
Klosteranlage, den der Grazer Baumeister Josef Hueber später
weiterführte. Besonders beeindruckend ist die Bibliothek, die den
großen Brand 1865 fast unbeschadet überstanden hat. Der 1776
vollendete, spätbarocke Bibliothekssaal ist mit einer Länge von
70 Metern, einer Breite von 14 Metern und einer maximalen Höhe
von etwas mehr als 12 Metern der größte klösterliche Bibliothekssaal der Welt. Die Fresken in den sieben Kuppeldecken des in drei
Teile gegliederten Raumes stammen von Bartolomeo Altomonte
und zeigen das Bündnis zwischen Tugend und Bildung unter der
in der zentralen Mittelkuppel dargestellten Vorherrschaft der gött-
lichen Offenbarung. Nicht die Belehrung der Besucher und Nutzer
der Bibliothek waren der Zweck des Freskenprogramms, sondern
die Verbreitung der Wissenschaften und Künste, in deren Zentrum Gott steht. So werden beispielsweise im mittleren Kuppel-
fresko des Südflügels die Medizin, die Pharmazie, die Chemie, die
Physik, die Mathematik, die Anatomie, die Architektur und die
Mineralogie als Personen dargestellt. Die Personifikation der Geo-
grafie ist mit einem Zirkel in der Hand versehen, mit dem sie einen

Die Fresken von zwei der sieben Kuppeldecken in der Stiftsbibliothek Admont

Globus vermisst; die Astronomie schaut durch ein Fernrohr in den Himmel und hält ein Lehrbuch mit Sternendarstellungen. Interessant ist die Tatsache, dass Bartolomeo Altomonte diesen Auftrag im Jahre 1774 annahm. Zu diesem Zeitpunkt war er bereits 80 Jahre alt! Doch er konnte die Arbeiten vertragsgemäß zwei Jahre später abschließen.

Kehren wir in die Stiftskirche von Heiligenkreuz zurück: Wer ist nun der zweite italienische Bäckersohn, der neben Martino Altomonte hier seine letzte Ruhestätte fand? Eine einfache dunkle Marmorplatte an einem Langhauspfeiler erinnert – als Gegenstück zu einer ähnlichen Tafel für seinen Künstlerkollegen Altomonte – an den Stein- und Holzbildhauer Giovanni Giuliani. Dieser wurde 1664 in Venedig geboren. Wo er seine Lehrzeit verbrachte, ist nicht bekannt. Jedenfalls ist Giuliani 1690 als selbstständiger Künstler in Wien nachweisbar, wo er ab 1693 bis 1710 nachweislich für Fürst Johann Adam Andreas I. von Liechtenstein arbeitete; vor allem lieferte er zahlreiche Statuen für den Garten

Der Skulpturen-
schmuck des Kreuz-
weges in Heiligen-
kreuz wurde nach
Skizzen von Giovanni
Giuliani durch die
Mitarbeiter seiner
Werkstatt ausgeführt.

des Palais Liechtenstein in der Roßau und das Stadtpalais in der
Wiener Bankgasse. Nach Beendigung der Arbeiten für den Fürsten entschied er sich, sein bisheriges weltliches Leben aufzugeben.
Er trat 1711 – abgesichert durch einen genau ausgeführten Vertrag
– als sogenannter Familiar, also als ein frommer Laie, in die Klos-
tergemeinschaft des Stiftes Heiligenkreuz ein, für das er schon seit
1694 immer wieder tätig gewesen war. Diese klösterliche Phase
seines Lebens dauerte immerhin 34 Jahre, bis zu seinem Tod 1744.
Er stellte seine bildhauerischen Fähigkeiten nun ganz dem Kloster
zur Verfügung; im Gegenzug erhielt er Kost und eine eigene Werkstatt – dazu gehörten eine geeignete Ausstattung und ein Mitarbei-
terstab. Familiare lebten in engem Anschluss an die Mönche, ver-
richteten meistens die gleichen Arbeiten, traten aber nicht dem

Orden bei und übernahmen keine religiösen Pflichten. Sie rangierten zwischen Lohnarbeitern und Laienbrüdern.

Für das Stift Heiligenkreuz erarbeiteten Giuliani und seine Werkstatt in einer Zeitspanne von 50 Jahren unter anderem verschiedene Altäre, den Figurenschmuck der Dreifaltigkeitssäule im Stiftshof, die Ölbergszene im nahegelegenen Gaaden und Skulpturen bzw. Altäre im Wiener Heiligenkreuzerhof. Nach seinen Vorgabenskizzen entstand ab 1740 durch die Mitarbeiter seiner Werkstatt der Skulpturenschmuck des Kreuzweges in Heiligenkreuz, mit dessen Bau 1731 aufgrund des Zustroms von Pilgern auf dem Weg von Wien nach Mariazell begonnen wurde. Die in Summe 39 Sandsteinfiguren wurden nach Skizzen des bereits über 75-jährigen Giuliani hauptsächlich vom schwäbischen Mitarbeiter Josef

Die Dreifaltigkeits-
säule im Stiftshof
Heiligenkreuz

Schnitzer ausgeführt. Wie intensiv die Verbindung Giovanni Giulianis mit Heiligenkreuz war, zeigt sich an einer beeindruckenden Zahl: Über 500 Werke aus Lindenholz, Sandstein und Terrakotta, die ihm und seiner Werkstatt zugeschrieben werden können, sind bis heute im Stift erhalten.

Das Wiener Ende der »Vier Jahreszeiten«

Östlich der Piazza San Marco, des Markusplatzes, befindet sich eine der Dutzenden Kirchen Venedigs: die *Chiesa San Giovanni Battista in Bragora*. Wenn man diese Kirche betritt, fällt einem in der Nähe des Einganges ein Taufbecken auf. In diesem wurde Antonio Vivaldi getauft, der heute als der bedeutendste Barockkomponist Venedigs gilt und vor allem durch sein Konzertstück »Die vier Jahreszeiten« in ganz Europa bekannt ist. Weniger bekannt ist, dass Antonio Vivaldi in Wien gestorben ist und in Wien begraben wurde.

Dass seine Kompositionen erhalten sind, haben wir vornehmlich einem anderen Italiener in Wien zu verdanken: Graf Giacomo Durazzo war genuesischer Botschafter in Wien und später Hoftheaterdirektor. Er machte sich als Musikliebhaber und -sammler zum Nachlassverwalter Vivaldis. Aber das ist eine andere Geschichte.

Antonio Lucio Vivaldi wurde am 4. März 1678 in Venedig im Stadtteil Castello geboren. Weil das Neugeborene kränkelte, hatte ihn die Patin, eine Hebamme, gleich nach der Geburt notgetauft. Zwei Monate später, am 6. Mai, brachte man das Baby in die oben genannte, zuständige Pfarrkirche San Giovanni Battista in Bragora. Hier wurde die Nottaufe kirchenrechtlich bestätigt, wie der neben dem Taufbecken hängende Auszug aus dem Taufregister belegt.

Von seinem Vater, einem Violine spielenden Barbier aus Brescia (Region Lombardei), wurde Antonio eine geistliche Lauf-

Bodenplatte in Erinnerung an Antonio Vivaldi in der Kirche San Giovanni Battista in Bragora

bahn vorgegeben. Im Jahr 1703 weihte man ihn zum Priester. Er wurde Kaplan und Musiklehrer in der Kirche *Santa Maria della Pietà*, die aber mit dem heutigen Gotteshaus nichts zu tun hat. Auch wenn die Kartenverkäufer für Vivaldi-Konzerte in dieser Kirche potentielle Kunden mit dem berühmten Namen locken: Vivaldi ist in dieser Kirche nie aufgetreten. Dies hat einen einfachen Grund: Die heutige Kirche ist erst nach dem Tod Vivaldis entstanden. Die Vorgängerkirche existiert heute nicht mehr; nur zwei Säulen haben sich in der Eingangshalle des *Hotels Metropole* erhalten.

Die ursprüngliche Kirche Santa Maria della Pietà gehörte zu einem der Waisenhäuser und Hospize, die es als soziale Wohlfahrtseinrichtungen in Venedig gab: dem *Ospedale della Pietà*. Dieses und drei andere Erziehungsanstalten für verwaiste oder ausgesetzte Kinder, die auch als »Conservatorien« (Aufbewahrungsorte) bezeichnet wurden, entwickelten sich im 17. Jahrhundert zu musikalischen Ausbildungsstätten für Mädchen. Da sich

Vivaldi zeit seines Lebens mehr als Musiker denn als Geistlicher fühlte, intensivierte er laufend seine künstlerische Tätigkeit. Er schrieb zahlreiche Kompositionen für Konzerte am Ospedale della Pietà. 1703 hatte man Antonio als Violinlehrer an diese Institution berufen, ab 1716 wirkte er dort auch als Konzert- und Chormeister. Der zunehmende Erfolg und neue Verdienstmöglichkeiten durch die Musik führten zu Auftritten Vivaldis außerhalb seiner Geburtsstadt. Und auch als Opernkomponist konnte er sich schließlich einen Namen machen. Der – mit großer Wahrscheinlichkeit aufgrund seiner Haarfarbe – als *prete rosso* (roter Priester) titulierte Vivaldi wurde über die Grenzen Venedigs hinaus zu einer Berühmtheit. Als sich der Musikgeschmack in Venedig änderte, begab er sich in späteren Jahren für Auftritte, aber auch auf der Suche nach Mäzenen, mehrmals nach Rom und Verona. Ob er je in Wien aufgetreten ist, lässt sich nicht mit Bestimmtheit sagen. Jedenfalls müssen Umstände dazu geführt haben, dass Vivaldi im Mai 1740 Venedig verließ und nach Wien reiste, wo sein Aufenthalt im Februar 1741 das erste Mal nachzuweisen ist. Welche Umstände dies waren, wird seit Jahrzehnten in der Fachwelt diskutiert.

Während des Aufenthalts in Wien, über den wir fast keine Kenntnisse haben, starb Vivaldi. Im Sterbebuch der Dompfarre St. Stephan ist für den 28. Juli 1741 vermerkt, dass der »Wohl Ehrwürdige Herr Antoni Vivaldi, weltl. Priester, in Satlerischen Hauß Beym Karner Thor [Kärntnertor]« verstorben ist. Im städtischen Totenbeschauprotokoll heißt es, dass der Tod, verursacht durch einen »innerlichen Brand«, im Wallerschen Haus, wie das Satlerische Haus auch genannt wurde, eingetreten ist. Da der Eintrag im Totenbeschauprotokoll der erste an jenem Tag war, ist zu Recht vom 27. Juli 1741 als Todestag auszugehen. Am Haus Philharmonikerstraße Ecke Kärntnerstraße hängt eine meist unbeachtete Gedenktafel, auf der vermerkt ist, dass »hier der große Komponist« wohnte. Doch diese Information ist ein wenig irreführend, da das ursprüngliche Wohnhaus Vivaldis im 19. Jahrhundert abge-

Gedenktafel für Antonio Vivaldi am Haus Karlsplatz 13 (Wien)

tragen und durch ein neues Gebäude ersetzt wurde, in dem sich heute das Café *Das neue Sacher Eck* befindet.

Im Sterbebuch der Pfarre St. Stephan wird – wie bei jedem Todesfall – auch der Begräbnisort angegeben. Bei Antonio Vivaldi lautet dieser Eintrag: »Spittaler gottes-ackher«. Wo sich dieser Gottesacker – wie man einst Friedhöfe auch nannte – befand, verrät uns eine Gedenktafel auf dem Hauptgebäude der Technischen Universität Wien am Platz vor der Karlskirche. Hier lag nämlich einst der »Bürgerspital-Gottesacker«. Benannt war dieser nach der sozialen Wohlfahrtseinrichtung, der ein eigener Friedhof vor dem Kärntnertor zugeordnet war. Da dieser dem Ausbau der Stadtbefestigung im Weg war, entstand im Jahr 1571 ein neuer Friedhof auf der anderen – der südlichen – Seite des Wienflusses. Dort wurden auch alle in der Vorstadt Wieden Verstorbenen begraben. Ab 1716 errichtete man auf einem Nachbargrundstück ein noch heute weltbekanntes barockes Gebäude: die Karlskirche. In einem Hofdekret von 1783 verordnete Kaiser Joseph II. aus hygienischen Gründen die Verlegung der innerstädtischen Friedhöfe auf Plätze vor dem Linienwall (dem heutigen Gürtel). Mit der Auflassung der Friedhöfe innerhalb des Linienwalls wurde auch jener des Bürgerspitals aufgelassen – und im 19. Jahrhundert verbaut. Heute erinnert nur mehr die Gedenktafel an diesen Gottesacker – und zugleich an das Wiener Ende des Schöpfers der »Vier Jahreszeiten«, der vermutlich bekanntesten von rund 600 Kompositionen des Venezianers Antonio Vivaldi.

Vom Ei zum Pinguin

Es ist eine ungewöhnliche Sammlung, die der 1925 im kleinen Dorf Codisotto (Provinz Reggio Emilia) geborene Bildhauer Wander Bertoni im burgenländischen Winden am See zusammengestellt hat. Auf der Freifläche seines Museums und in mehreren Gebäudeteilen sind die eigenen Werke ausgestellt; in einem Glaspavillon befindet sich eine fast einzigartige Eiersammlung – doch dazu später.

Wander Bertoni kam nicht, wie viele andere Italiener in den Jahrhunderten zuvor, aus beruflichen Gründen nach Österreich. Nein, er wurde 1943 als Zwangsarbeiter nach Wien gebracht, wo er nach dem Zweiten Weltkrieg an der Akademie der bildenden Künste bei dem Bildhauer Fritz Wotruba studierte, der ab 1927 eine eigene Werkstatt in der Bundeshauptstadt unterhielt und heute vor allem durch die »Wotruba-Kirche« in Wien-Liesing bekannt ist. In der Nachkriegszeit bezahlte das Bundesdenkmalamt mehrere Maler und Bildhauer für Restaurierungsaufträge an kriegsbeschädigten Denkmälern. So kam der Student Wander Bertoni dazu, die trotz einer Schutzummantelung aus Ziegelmauerwerk beschädigte Figurengruppe »Fides stürzt die Allegorie der Pest in den Abgrund« der barocken Pestsäule am Graben in der Wiener Innenstadt zu restaurieren. Ein weiterer Auftrag betraf den barocken Vermählungsbrunnen auf dem Hohen Markt. Hier stellte er die aus Carrara-Marmor gearbeiteten Flügel der Engels-

Bildhauer Wander
Bertoni, 1951

figuren neu her. Im Jahr 1965 erfolgte eine Berufung an die Hochschule für angewandte Kunst: Bis zur Emeritierung 1994 leitete Bertoni dort eine Meisterklasse für Bildhauerei. Kaum bekannt ist, dass er einige Zeit mit der Wiener Theater- und Filmschauspielerin Inge Konradi verheiratet war.

Bekannte Arbeiten des Bildhauers im öffentlichen Raum sind die zwischen 1956 und 1958 entstandene Stahlskulptur »Bewegung« vor der Wiener Stadthalle, die Bronzeskulptur »U« (1963) vor der von Gustav Peichl entworfenen Volksschule Flotowgasse (Wien-Döbling) und die Bildhauerarbeit auf der »Weinenden Brücke« (1999) in Wien-Floridsdorf zur Erinnerung an die italienischen Zwangsarbeiter, die während des Ersten Weltkrieges beim Bau der Floridsdorfer Hochbahn eingesetzt wurden. Bis zum Abbruch im Jahr 2014 waren in einem Park in Wien-Döbling die Reste einer weiteren, einzigartigen Arbeit zu sehen: Im Blinden-

Stahlskulptur »Bewegung«
von Wander Bertoni vor der
Wiener Stadthalle

garten des Wertheimsteinparks – dem ersten Garten für blinde Menschen in Kontinentaleuropa – stand ein 1959 von Josef Seebacher-Konzut entworfener Akustikbrunnen, den Bertoni ausgeführt hat. Dieser Brunnen sollte – wie auch die Pflanzen des Blindengartens – den Tast-, Geruchs- und Hörsinn ansprechen.

Im Jahr 1965 erwarb Wander Bertoni eine Wassermühle im burgenländischen Ort Winden am See. Nach langjährigen Restaurierungsarbeiten stellte er im Freigelände zahlreiche eigene Großplastiken aus. Nach Zukäufen benachbarter Flächen wurde zu Beginn des 21. Jahrhunderts ein eigener Ausstellungspavillon errichtet, in dem bei einem Rundgang Bertonis Schaffen in zeitlicher Abfolge zu sehen ist. Der letzte Neubau wurde 2010 anlässlich seines 85. Geburtstages eröffnet: ein gläserner Pavillon. Dieser nimmt einen großen Teil der bereits erwähnten Eiersammlung auf, die um die 4500 Exemplare umfasst. Die Sammlertätigkeit des Künstlers geht bereits auf die späten 1940er-Jahre zurück. Für Ber-

Freigelände mit Arbeiten von Wander Bertoni in Winden am See

toni liegt die Faszination dieses nicht-geometrischen Gegenstands in dessen Symbolkraft: Das Ei war und ist in vielen Kulturen das Symbol für Fruchtbarkeit und für das Leben schlechthin, was sich in unserem Kulturkreis am Beispiel der Ostereier deutlich zeigt.

Im Glaspavillon in Winden am See finden sich neben verzierten echten Vogeleiern auch Eier aus verschiedenen Materialien – wie zum Beispiel Holz, Porzellan, Glas oder Halbedelsteinen – sowie Eier verschiedener Funktion – wie hölzerne Stopfeier (zum Stopfen von Löchern, zum Beispiel in Socken), Salzstreuer in Eier-Form, Tee-Eier oder Eier als Grabbeigaben – und Eier aus den verschiedensten Kulturen der ganzen Welt.

Eine weitere Eiersammlung – die mit Wander Bertoni nichts zu tun hat – ist in Italien zu bewundern, und zwar in Civitella del Lago in Umbrien. Im 2005 eröffneten »Museo Ovo Pinto« (Museum des bemalten Eies) dreht sich alles um das in Italien meist mit Kräuter- und Pflanzenextrakten bemalte (Oster-)Ei.

Man findet hier alle Größen – vom Papageien- bis zum Straußenei – und auch Außergewöhnliches, wie kubistische, impressionistische und surrealistische Eier.

In der Region Emilia-Romagna wurde ein weiterer italienischer Bildhauer des 20. Jahrhunderts geboren, der die meiste Zeit seines Lebens in Österreich verbrachte. Die Rede ist von Mario Petrucci, der 1893 in Ro unweit von Ferrara geboren wurde und 1972 in Wien starb. Als Sohn eines Schuhmachers und einer Bäuerin machte er sich bereits im Alter von elf Jahren auf die Walz. Vor allem in Zürich finden sich seine ersten Arbeiten als Dekorationsbildhauer und Stuckateur. Wien war ab 1920 sein Zuhause, wo er an der Akademie der bildenden Künste bei dem Bildhauer Hans Bitterlich studierte. Nach dem Zweiten Weltkrieg arbeitete Petrucci als Bildhauer fast ausschließlich für die Stadt Wien. Werke im öffentlichen Raum sind beispielsweise die Büste des Sozialpolitikers Ferdinand Hanusch am »Denkmal der Republik« an der Wiener Ringstraße (1948), der Gänsebrunnen für die Freihofsiedlung in Kagran (1950) und die außergewöhnliche Rutschbahn mit der Inschrift »Vergiss nicht, dass auch du einmal ein Kind warst« im Gemeindebau »Bebel-Hof« in Meidling (1953). In die Schlagzeilen gelangte die im Wiener Stadtpark aufgestellte Pinguingruppe der »Vogeltränke« (1954). In dieser Grünanlage fand 1954 nämlich erstmals die Veranstaltung »Plastiken im Stadtpark« statt, bei der man von Juni bis September Arbeiten von 22 Bildhauern bei freiem Eintritt präsentierte. Bereits am 2. Juli 1954 musste die Stadtverwaltung per Presseaussendung von Vandalen berichten: In der Nacht hatten unbekannte Täter bei ihrem »Kreuzzug gegen moderne Kunst« drei Skulpturen durch Eisenstangen und Spitzhacken beschädigt. Auch der kleinste Vogel aus der Pinguingruppe wurde bei dieser Aktion zertrümmert. Zweieinhalb Jahre später stahlen Unbekannte einen der vier Pinguine aus Bronze, den sie einem Altwarenhändler zum Kauf anboten. Die Polizei fasste eine Woche später die fünf Urheber: Es war eine »Platte jugendlicher Einbrecher« aus der Brigittenau, wie die Stadtverwaltung per

Rutschbahn von
Mario Petrucci im Wiener
Gemeindebau »Bebel-
Hof«

Presseaussendung vermeldete. Stellt sich die Frage, ob in der Eiersammlung von Wander Bertoni auch Bronzeeier zu finden sind …
Nach einem Besuch in Winden am See kennen Sie die Antwort.

Italienischer Klassizismus in Eisenstadt und Wien

Wer die Kirche Santa Maria Gloriosa dei Frari in Venedig besucht,
ist womöglich auf der Suche nach dem Grabmausoleum für Antonio Canova (1757–1822), dem klassizistischen Bildhauer schlechthin, dessen Werke in ganz Europa zu sehen sind: Zum Beispiel
küsst Amor die Psyche (1793) im Pariser Louvre, und im Londoner
Victoria and Albert Museum umarmen sich die *Drei Grazien*
(1814–1817). So überrascht es nicht, dass wir auch in Österreich
Kunstwerke aus der Werkstatt Canovas bewundern können.

Sowohl der Vater Antonio Canovas, Pietro, als auch der Großvater Pasino waren Steinmetze. Der in Possagno bei Bassano del Grappa (Venetien) geborene Antonio dürfte bereits in sehr jungen Jahren bei seinem Großvater mitgearbeitet haben. Mit 14 Jahren begann Canova eine Lehre bei dem venezianischen Bildhauer Giuseppe Bernardi. Im Jahr 1775 machte Canova sich selbständig; ab Ende 1779 lebte er in Rom.

Der erste Weg zu seinen Spuren in Österreich führt uns in das Kunsthistorische Museum in Wien. Im beeindruckenden Treppenhaus gehen alle Besucher an der zentral positionierten Skulpturengruppe des Sieges von Theseus über den Kentauren Eurytion vorbei. Nur wenige wissen, dass diese Skulptur einen weiten und verschlungenen Weg bis hierher zurückgelegt hat. Im Jahre 1804 hatte Napoléon Bonaparte das monumentale Standbild für den Mailänder Corso bei Canova beauftragt. Die Theseusgruppe war zur Glorifizierung Napoléons auf diesem Mailänder Platz bestimmt. Nach der Niederlage und der Verbannung des selbsternannten französischen Kaisers erwarb sein Schwiegervater, der österreichische Kaiser Franz I., die unvollendete Plastik anlässlich seines Romaufenthaltes im April 1819, als er das Atelier des Bildhauers Canova besuchte. Nun erhielt die Skulptur eine neue, konträre Bedeutung: Sie stand fortan symbolisch für die siegreiche Überwindung der revolutionären Gefahr und den Sieg über den französischen Kaiser durch das Haus Habsburg-Lothringen.

Nach dem Erwerb des Kunstwerkes durch Kaiser Franz wurde der im Tessin geborene Architekt Pietro Nobile, ein enger Freund Canovas, beauftragt, ein Gebäude in Form eines griechischen Tempels als architektonische Hülle für die Skulpturengruppe zu entwerfen. Dieses Gebäude ist noch heute der zentrale Blickpunkt des Wiener Volksgartens. Der 1823 vollendete *Theseustempel*, der eine verkleinerte Version des Athener Hephaistos-Tempels – auch *Theseion* genannt – darstellt, diente nun der Aufnahme der von Antonio Canova 1819 vollendeten Skulpturengruppe. Im Untergeschoß des Tempels fand die kaiserliche Sammlung antiker Grabungsfunde Platz, die im Sommer jeweils an Freitagen von 10 bis 13 Uhr besichtigt werden konnte. Johann Baptist Weis nennt im Jahr 1832 Antiquitäten, Sarkophage sowie römische marmorne Denkmäler aus der Umgebung Wiens als Ausstellungsstücke.

Bereits ein Jahr vor der Eröffnung des Kunsthistorischen Museums (1891) setzte man die Skulptur um: Sie verließ den nach ihr benannten Tempel und wurde nun zum wichtigen Bestandteil des Entrees im Kunsthistorischen Museum, dem »Tempel der Kunst«.

Deutlich anders präsentiert sich ein weiteres Kunstwerk Canovas in Wien. In der dunkel wirkenden Augustinerkirche fällt jenen, die zur habsburgischen Herzgruft gehen, eine steinerne Pyramide auf, die an der Wand des rechten Seitenschiffes zu kleben scheint. Es ist das sogenannte Christinendenkmal, das von Antonio Canova im Auftrag Herzog Alberts von Sachsen-Teschen für dessen verstorbene Gattin Erzherzogin Marie Christine (Maria Christina) – eine Tochter Maria Theresias – zwischen 1798 und 1805 geschaffen wurde. Dieses Bauwerk ist kein Grab, sondern nur ein Denkmal,

Das Denkmal für Erzherzogin Marie Christine in der Wiener Augustinerkirche

da Marie Christine – wie viele Familienmitglieder auch – in der Kapuzinergruft beigesetzt wurde. Nur ihr Herz wird – wie das bei Mitgliedern des Hauses Habsburg-Lothringen lange Zeit üblich war – in der bereits erwähnten Herzgruft der Augustinerkirche aufbewahrt.

Das in Form einer fast sechs Meter hohen flachen Wandpyramide gestaltete Denkmal aus Carrara-Marmor führt uns optisch in das imaginäre Grab: Als Teil eines Trauerzugs schreitet die Figur der Tugend mit der Urne Marie Christines in den türlosen Eingang. Die Tugend wird begleitet von zwei Mädchen mit Totenfackeln, denen die Allegorie der Liebe mit einem blinden Greis am Arm folgt. Rechts liegt ein sogenannter Genius mit dem Wappenlöwen der Habsburger. Am oberen Ende der Pyramide ist ein Medaillon mit dem Bildnis der im Juni 1798 Verstorbenen angebracht.

Eine dritte künstlerische Spur Canovas in Österreich findet sich in einem weiteren Tempel: dem sogenannten Leopoldinentempel im burgenländischen Eisenstadt. Am Rande des Schlossparkteiches ragt auf einem künstlichen Felsenberg ein Rundtempel in den Himmel, der zwischen 1818 und 1823 errichtet wurde. Bauherr war Fürst Nikolaus II. Esterházy (1765–1833), der ab 1795 den ehemaligen barocken Garten nördlich des Eisenstädter Schlosses in einen Landschaftsgarten umwandelte und deutlich vergrößerte. Neben dieser Umgestaltung, der Erweiterung des Gartens Richtung Norden und dem Bau von Glashäusern samt Orangerie zählt die Errichtung des Leopoldinentempels zu den wichtigsten Baumaßnahmen dieses ungarischen Adeligen. Im Inneren des Rundtempels wurde 1822 die von Antonio Canova bereits 1805 begonnene und 1816 fertiggestellte Sitzstatue der Leopoldine Esterházy, Tochter von Nikolaus II., aufgestellt. Die originale Skulptur aus Carrara-Marmor wurde kurz nach dem Zweiten Weltkrieg beschädigt, 1956 restauriert und danach ins Schloss gebracht. 40 Jahre später fertigte man auf Anregung des Arztes Franz Prost, des damaligen Vereinsobmanns der »Freunde des Eisenstädter Schlossparks«,

Die Kopie der Sitzstatue der Leopoldine Esterházy im Leopoldinentempel (Schlosspark Eisenstadt)

eine Kopie der Statue an, welche an dem Originalstandort aufgestellt wurde. Diese Kopie aus weißem Marmor wurde ebenfalls
von einem italienischen Künstler hergestellt: von dem Bildhauer
Franco Cervietti aus Pietrasanta bei Pisa. Als Vorlage dienten ein
Gipsabguss des Originals und die Gipskopie der Statue, welche in
der *Gypsotheca* des Canova-Museums in Possagno aufbewahrt
wird. So können wir uns – durchs Fenster des Rundtempels bli-
ckend – zumindest an einer Replik der Statue des italienischen
Bildhauers Canova erfreuen.

Italienischer Klassizismus in Eisenstadt und Wien **137**

Italienerinnen an der Macht

Eine Italienerin in der Reihe der »Schwarzen Mander«

20 zu 8. So lautet das Verhältnis von Männern zu Frauen bei den 28 Monumentalfiguren rund um das leere Grabmal (den Kenotaph) von Kaiser Maximilian I. in der Innsbrucker Hofkirche. Vergleicht man hingegen die geografische Herkunft der dargestellten Personen, ergibt sich ein Verhältnis von 1 zu 27 – denn unter ihnen befindet sich eine Italienerin. Wer ist diese italienische Person und warum ist sie Teil des Monuments? Die Antwort hängt mit dem Auftraggeber des Grabmals zusammen: dem österreichischen Erzherzog Maximilian (1459–1519), der ab 1508 Kaiser des Heiligen Römischen Reichs war.

Bereits vor seiner Zeit als Kaiser hatte sich Maximilian Gedanken um sein Grab gemacht, das seiner Position als Herrscher über die habsburgischen Erblande gerecht werden sollte. Die Verwirklichung zog sich jedoch fast über ein ganzes Jahrhundert hin, wobei ein »Gesamtplan« nicht überliefert ist. Sinn des Grabmals war die Präsentation des weitreichenden Stammbaumes Maximilians in Verbindung mit der Darstellung der Geschichte der Hausmacht Habsburg. Die in Summe 40 sogenannten Ahnenfiguren sollten gleichzeitig ein Totengeleit bilden. Das Programm dieses Geleits wurde bereits um 1500 festgelegt. Büsten von römischen Kaisern sollten zusätzlich die Kontinuität und Legitimität der Kaiserwürde für die Habsburger seit der Antike bezeugen. Alle Skulpturen zusammen sind als Anspruch des Hauses Habsburg auf eine führende Stellung in Europa zu sehen.

Die erste Gruppe von Skulpturen rund um den Sarkophag entstand 1502, weitere folgten einige Jahre darauf. In Maximilians Tes-

tament heißt es, die bereits gegossenen Statuen sollten sofort aufgestellt werden, der noch zu gießende Rest später. Laut Testament
hätten in Summe 28 große Statuen sowie 100 Statuetten von Heiligen des Hauses Habsburg und 34 Brustbilder der römischen Kaiser angefertigt werden sollen. Die 34 Kaiserbüsten – obwohl bereits
gegossen – wurden nie aufgestellt; sie dürften den Qualitäts-
ansprüchen nicht genügt haben, denn 1547 hieß es von ihnen, dass
sie »nit sonders sauber gegossen« wären.

Trotz der Tatsache, dass man bereits manche Statuen angefertigt
hatte, war lange Zeit nicht klar, wo dieses imposante Grabmal aufgestellt werden sollte: So waren sowohl der Stephansdom in Wien
als auch der Dom und die Burgkapelle in Wiener Neustadt im
Gespräch. Beim Tod Maximilians war diese Frage noch immer
nicht geklärt, also bestattete man ihn in Wiener Neustadt in seiner
Taufkirche (Burgkirche), da er in dieser Stadt geboren und getauft
worden war – und hier auch seine Mutter (Kaiserin Eleonore)
begraben lag.

Durch das Ableben von Kaiser Maximilian verlangsamte sich
die weitere Umsetzung des Grabmals. Erst 1543 wünschte der
römisch-deutsche König Ferdinand (1503–1564), ein Enkel Maximilians und ab 1558 Kaiser (Ferdinand I.), die Errichtung eines
neuen Stiftes mit einer Kirche in Innsbruck, in der das Grabmal
mit den Skulpturen seinen endgültigen Platz finden sollte. Der
Baubeginn der Kirche erfolgte 1553 unter der Bauaufsicht des Tri-
dentiner Baumeisters Andrea Crivelli. Die Figuren wurden bis zur
Fertigstellung der Hofkirche (1563) in Ermangelung eines geeigne-
ten Kirchenraumes in einem eigenen Depot gelagert.

Finanzielle Schwierigkeiten Ferdinands als Erfüller des Testa-
ments seines Großvaters Maximilian I. und der Tod des Gießers
Stefan Godl ließen die Arbeiten an den Ahnenstatuen bis 1548
ruhen. Danach entstanden immerhin noch zehn Statuen, bis man
1550 die Arbeiten einstellte. Vom einst angedachten Figurenpro-
gramm blieben in der Ausführung letztendlich nur 28 Ahnenstatuen und 23 kleine Heiligenstatuetten übrig. Als Kuriosum bleibt,

Bianca Maria Sforza und Sigismund »der Münzreiche« in der Hofkirche Innsbruck

dass die sterblichen Überreste Maximilians I. nie in das Grab in der Innsbrucker Hofkirche überführt wurden und bis heute in der Wiener Neustädter Burgkirche ruhen.

Das alles aber beantwortet noch immer nicht die Frage, warum sich eine gebürtige Italienerin bei den 28 überlebensgroßen Statuen der Ahnengruppe findet, nämlich Bianca Maria Sforza (1472–1510), die zweite Ehefrau Maximilians. Nachdem dessen erste Frau, Maria von Burgund, 1482 im Alter von nur 25 Jahren an den Folgen eines Reitunfalls gestorben und eine Verbindung mit Anne de Bretagne vom französischen König verhindert worden war, heiratete Maximilian 1493 die in Mailand geborene Bianca Maria Sforza. Sie war die Enkelin des aus einer Familie niederen Adels stammenden Feldherrn Francesco Sforza, der 1450 die Macht in Mailand von den Visconti übernommen hatte. Sein Nachfolger war

Galeazzo Maria Sforza, Biancas Vater, der aber schon 1476 ermordet wurde. Auf ihn folgte sein Bruder Ludovico, genannt »Il Moro«, der auch die Erziehung von Galeazzos Kindern übernahm. Ludovico war bestrebt, vom regierenden Kaiser Friedrich III. offiziell mit dem Herzogtum Mailand belehnt zu werden, was der Familie Sforza aufgrund der niederen Herkunft bislang verwehrt worden war.

Um die Chancen einer Belehnung zu erhöhen, setzte Ludovico auf eine Verbindung seiner Familie mit den Habsburgern und stellte die Weichen für eine Verheiratung Bianca Marias mit dem Sohn des Kaisers, Maximilian. Der Kaiser sah diese Verbindung keineswegs als ebenbürtig an. So konnten die Eheverhandlungen erst nach dessen Tod 1493 abgeschlossen werden. Für Maximilian war die Hochzeit mit Bianca Maria in erster Linie ein gutes Geschäft: Die Sforza waren als Regenten des aufstrebenden Herzogtums Mailand zu einer der reichsten Familien Südeuropas aufgestiegen. Ludovico sagte eine Mitgift von 400 000 Gulden und noch einmal 40 000 Gulden an Juwelen und Ausstattung zu. So viel war ihm die lang ersehnte offizielle Belehnung mit den Herzogtümern Mailand und Pavia wert, die Maximilian im Ehevertrag nun endlich zusicherte. Schon zehn Tage nach der Unterzeichnung des Ehevertrages im November 1493 fand in Mailand die Hochzeit »per procuram« – mit einem Stellvertreter – statt. Mitten im Winter reiste Bianca Maria anschließend über die Alpen nach Innsbruck, wo sie bis in den folgenden März warten musste, um ihren Gatten persönlich kennenzulernen. Die Hochzeitsfeierlichkeiten mit Maximilian fanden im März 1494 in Innsbruck und Hall in Tirol statt.

Maximilian sollte jedoch in den folgenden Jahren kein großes Interesse an seiner Gemahlin zeigen. Bianca Maria galt aus Sicht der Nachwelt zwar als hübsch, aber auch als naiv, wenig intelligent und verschwendungssüchtig. Sie wurde nie zur Kaiserin gekrönt und trat – außer auf Reichstagen – nicht allzu oft an der Seite des Kaisers auf. Ihr Fehlen bei gesellschaftlichen Veranstaltungen und

BLANCA MARIA.
N·X.

Die Statue Bianca Maria Sforza. Aus: Biographische Skizzen der Personen [... beim] Grabmahl Kaisers Maximilian I., 1823

das mangelnde herrschaftliche Auftreten und Handeln mögen vor allem daran gelegen haben, dass Maximilian immer wieder in finanziellen Schwierigkeiten steckte und den Sparstift unter anderem beim Hofstaat Bianca Marias ansetzte, die dadurch ihre Repräsentationspflichten nur sehr eingeschränkt erfüllen konnte.

Da auch der ersehnte Nachwuchs ausblieb, vernachlässigte Maximilian seine Frau immer mehr. Als Bianca Maria im Herbst des Jahres 1510 schwer erkrankte – man sprach von »Dörrsucht« (Abmagerung) – und im Oktober bereits Lebensgefahr bestand, soll sie der Kaiser bis zu ihrem Tod Ende Dezember kein einziges Mal besucht haben. Auch ihr bescheidenes Begräbnis im Zisterzienserstift Stams bei Innsbruck fand in Abwesenheit des Kaisers statt. Unter diesem Gesichtspunkt verwundert uns die Tatsache, dass ihre Statue dennoch das prunkvolle Grabdenkmal Maximilians schmückt. Die 2,2 Meter hohe Bronzestatue wurde 1525 gegossen, wobei in späterer Zeit ihr Zepter und der Bügel der Krone verloren gegangen sind. Die Skulptur stammt aus der Werkstätte des bereits genannten Nürnberger Gießers Stefan Godl, der 1508 nach Innsbruck berufen wurde und seine Schmelzhütte in der Mühlau hatte, einem heutigen Stadtteil von Innsbruck.

Übrigens: Die noch heute geläufige Bezeichnung »Schwarzmanderkirche« für die Innsbrucker Hofkirche war und ist nur bedingt zutreffend. Erstens findet man – wie bereits erwähnt – nicht nur »Mander« (tirolerisch für »Männer«), sondern neben Bianca Maria auch noch weitere Frauen unter den 28 überlebensgroßen Statuen; und zweitens wurde die 1816 erfolgte Übermalung der Bronzefiguren mit schwarzer Ölfarbe in den frühen 1880er-Jahren rückgängig gemacht.

Erinnerungen an Parma

Parma ist vor allem unter Feinschmeckern eine bekannte Stadt: Denken Sie etwa an den Parmaschinken (*Prosciutto di Parma*), einen luftgetrockneten Schinken mit mild-würzigem Geschmack, den man gerne mit Melonenspalten als klassische Vorspeise genießt. Zentrum der Schinkenproduktion ist die Kleinstadt Langhirano südlich der Stadt Parma.

Vielleicht denken Sie auch an den Parmesan (*Parmigiano reggiano*), einen Hartkäse, ohne den eine italienische Mahlzeit kaum auskommt. Pasta jeder Zubereitungsart – unbedingter Bestandteil fast jedes italienischen Menüs – wird zur Krönung des Geschmacks mit fein geriebenem Parmesan bestreut. Auch der Parmesan wird in den Provinzen rund um Parma produziert und ist – wie der Parmaschinken – ein Produkt mit geschützter Herkunftsbezeichnung. Wer aber denkt bei Parma an eine österreichische Kaiserin?

Tatsächlich war Österreichs letzte Kaiserin die Tochter des letzten Herzogs von Parma. Zita von Bourbon-Parma wurde 1892 in Camaiore in der toskanischen Provinz Lucca geboren. »Zufällig«, wie sie selbst zu sagen pflegte: Ihr Vater, Herzog Robert von Bourbon-Parma, hatte Parma schon 1859 verlassen müssen, bevor das Herzogtum dem Königreich Sardinien-Piemont angeschlossen und schließlich Teil des italienischen Staates wurde. Später verbrachte Robert mit seiner Familie – Zita war eines von 24 Kindern aus den zwei Ehen des Herzogs – jeden Winter einige Monate in der Villa Borbone delle Pianore in Camaiore. Während viele ihrer Geschwister in Österreich geboren wurden, kam Zita in dieser Villa in Italien zur Welt. Eine Tatsache, die ihr später zum Nachteil gereichen sollte.

Erzherzog Karl von Österreich mit seiner Ehefrau Zita und den Kindern Otto und Adelheid, 1914

Schloss Frohsdorf: einst im Besitz von Zitas Vater

Zita war zwar gebürtige Italienerin, in ihren Adern floss aber internationales Blut: Ihr Vater Robert stammte von den spanischen Bourbonen ab, die einen Zweig des französischen Königshauses bildeten und deren Mitglieder noch heute die spanischen Könige stellen. Zitas Mutter, Maria Antonia, war die Tochter des portugiesischen Königs Miguel I. Nach eigenen Angaben fühlte sich Zita als Mitglied der französischen Königsfamilie, die in Italien regiert hatte und in Österreich zu Hause war. In der Toskana verbrachte die Familie nur die Wintermonate, im Sommer residierte man im Schloss Schwarzau in Niederösterreich, das Zita als ihre eigentliche Heimat betrachtete.

Nachdem Robert 1859 mit seiner Mutter und seinen Geschwistern Parma verlassen hatte, ging er zuerst ins Exil in die Schweiz und später nach Österreich, wo er nach dem Tod seiner Mutter unter der Obhut seines Onkels, des Grafen Heinrich von Chambord auf Schloss Frohsdorf bei Wiener Neustadt aufwuchs. 1889 kaufte Robert das im Steinfeld und nicht weit von Frohsdorf entfernt gelegene Schloss Schwarzau vom ungarischen Grafen Nákó und adaptierte es nach seinen Vorstellungen. Als Residenz des letzten Herzogs von Parma war es dann auch als »Schloss Parma« bekannt.

In einem anderen Schloss in der Nähe – der Villa Wartholz in Reichenau an der Rax – hielt sich oft der junge Erzherzog Karl Franz Joseph auf, ein Großneffe von Kaiser Franz Joseph. Die Villa, die sein Großvater, Erzherzog Carl Ludwig – der jüngste Bruder Kaiser Franz Josephs – in den 1870er-Jahren erbauen hatte lassen, war ein beliebter Treffpunkt der kaiserlichen Familie und des Hochadels.

Zita und Karl Franz Joseph – der spätere Kaiser Karl – lernten einander schon in Kindheitstagen anlässlich ihrer Aufenthalte in Niederösterreich kennen. Nachdem im Juni 1911 in Camaiore Verlobung gefeiert worden war, fand die festliche, jedoch schlichte Trauung in kleinem Rahmen am 21. Oktober desselben Jahres im Schloss Schwarzau statt. Über das Verhältnis der Herzogsfamilie von Parma zur niederösterreichischen Bevölkerung schrieb die *Neue Freie Presse* im Oktober 1911 anlässlich der Hochzeit: »Wie die Mitglieder der Herzogsfamilie von Parma im Laufe von zwei Menschenaltern zu guten, autochthonen Niederösterreichern geworden sind, das konnte man heute recht deutlich beobachten, wenn man sich unter das zum großen Teil ländliche Publikum mischte, wenn man die eifrigen Dispute der kleinen Schulmädchen anhörte, denen alle die Prinzessinnen von Parma wohlvertraute, gute Bekannte zu sein scheinen.«

Die Zeitschrift *Sport & Salon. Die Illustrierte für die vornehme Welt* berichtete am 28. Oktober 1911 über das Galadiner am Vorabend der Vermählung: »Den Glanzpunkt dieses Tages bildete ein Galadiner, das um 6 Uhr abends im großen Speisesaale des Schlosses stattfand. Dieser Saal […] wurde vergrößert und einer durchgreifenden Renovierung unterzogen. Wände und Plafond sind nun in Weiß und Gold gehalten und im Gegensatz zu vielen anderen Appartements des Schlosses […] wurde hier ganz im Stil der allerneuesten Zeit eine Deckenbeleuchtung angebracht, von der aus das Licht in reichster Fülle den Saal durchflutet.« Die Hochzeit ist nicht nur durch das Brautpaar in die Geschichte eingegangen, sondern auch durch die Tatsache, dass ein »Hochzeitsfilm« gedreht wurde. Der humanitären Organisation »Österreichisch-ungarischer Invalidendank« wurde vom Hochzeitspaar die alleinige Erlaubnis der kinematografischen Aufführung zugesprochen. Bereits fünf Tage nach dem Ereignis wurde der 150 Meter lange Film in zahlreichen Städten, wie zum Beispiel Innsbruck, Salzburg, Graz, Wien und Baden, in den damals sogenannten Kinotheatern gezeigt.

Im November 1916, fünf Jahre nach den Hochzeitsfeierlichkeiten, starb Kaiser Franz Joseph in Wien. Nachdem Thronfolger Franz Ferdinand 1914 in Sarajevo ermordet worden war, folgte Karl seinem Großonkel auf den Thron. Die »Italienerin« Zita war noch zwei Jahre lang an seiner Seite Kaiserin von Österreich. Sie galt als ausdauernd, willensstark und sozial engagiert und soll einigen Einfluss auf die Entscheidungen des Kaisers gehabt haben. In deutsch-nationalen Kreisen wurde sie als »italienische Verräterin« bezeichnet, nachdem Zitas Bruder Sixtus von Kaiser Karl ohne Wissen des verbündeten Deutschen Reichs zu geheimen Friedensverhandlungen nach Frankreich gesandt worden war. Dieses Ereignis ging als »Sixtus-Affäre« in die Geschichtsbücher ein.

Nach dem Ende des Ersten Weltkrieges und der Monarchie ging die Familie ins Exil in die Schweiz und dann nach Madeira, wo Karl im April 1922 starb. Zita lebte mit ihren acht Kindern in Spanien und Belgien, später in Kanada und in der Schweiz. Da sie zeitlebens nicht auf ihre Thronrechte verzichtet hatte, durfte sie erst aufgrund einer Sonderregelung aus dem Jahr 1980 wieder nach Österreich einreisen. Im Mai 1982 war es dann soweit: Die 90-jährige Zita betrat mit ihrem spanischen Reisepass nach 63 Jahren wieder österreichischen Boden. Nach ihrem Tod im Jahr 1989 wurde sie als eines der letzten Mitglieder der Familie Habsburg-Lothringen in der Wiener Kapuzinergruft beigesetzt.

Was wurde aus dem »Schloss Parma«? Der damalige Besitzer, Elias von Bourbon-Parma (ein Halbbruder von Zita), verkaufte das Schloss Schwarzau im Jahr 1951 an die österreichische Justizverwaltung. Seit 1957 beherbergt das Schloss die Justizanstalt Schwarzau, die einzige österreichische Strafvollzugsanstalt für Frauen.

Eine Medici wird Landesfürstin von Tirol

Dass Erzherzöge aus dem Hause Habsburg italienische Adelige heirateten, kam immer wieder vor. Der Tiroler Landesfürst Ferdinand II. von Habsburg (1529–1595) heiratete beispielsweise in zweiter Ehe – nachdem seine erste Ehefrau Philippine Welser verstorben war – seine Nichte Anna Catarina Gonzaga (1566–1621). Sie war die Tochter seiner Schwester Eleonore und des Herzogs Guglielmo Gonzaga. Die Hochzeitsfeierlichkeiten im Mai 1582 in Innsbruck entsprachen dem Stand der Eheleute: Turniere, eine Gämsenjagd und ein prachtvolles Feuerwerk waren Teil des höfischen Festes, welches vier Tage dauerte.

Eine andere Verbindung der Tiroler Linie des Hauses Habsburg mit einer italienischen Adelsfamilie ist insofern eine Besonderheit, als die italienische Braut über längere Zeit de facto die Landesherrin von Tirol war. Die Rede ist von Claudia de' Medici (1604–1648), die als Tochter des toskanischen Großherzogs Ferdinando de' Medici im Palazzo Pitti in Florenz geboren wurde, in jener Stadt, die als Wiege der Renaissance und des Humanismus gilt. Im Palazzo Pitti kamen – in der zweiten Hälfte des 18. Jahrhunderts – auch Erzherzöge des Hauses Habsburg-Lothringen zur Welt; erinnert sei an Kaiser Franz II./I. und an Erzherzog Johann. Doch zurück zu Claudia de' Medici. Sie wurde – wie damals nicht unüblich – im Alter von fünf Jahren verlobt: mit dem um ein Jahr jüngeren Thronerben des Herzogtums Urbino, Federico Ubaldo della Rovere. Erst im April 1621 kam

Portrait Claudia de'
Medici, Gemälde von
Lorenzo Lippi, nach 1626

es zur Vermählung auf einem Landsitz außerhalb der Stadt Florenz.

Ihr Aufenthalt im Herzogtum Urbino dauerte nicht lange, da ihr Ehemann bereits im Juni 1623 verstarb. Aufgrund ihrer hohen Mitgift wurden gleich wieder Heiratspläne geschmiedet. Claudia sollte den deutlich älteren habsburgischen Erzherzog Leopold (1586–1632), einen Bruder von Kaiser Ferdinand II., heiraten. Das Ungewöhnliche an der Sache: Leopold war Bischof von Passau und Straßburg sowie Verwalter des elsässischen Klosters Murbach – und Statthalter in Tirol. Da die beiden potentiellen Eheleute jedoch Gefallen aneinander fanden, legte Leopold 1625 das

Gewand des Geistlichen ab. Im März 1626 wurde in Florenz die Hochzeit gefeiert, wobei für den Bräutigam – auch dies damals nicht unüblich – ein Stellvertreter agierte. Gleich danach brach die nunmehrige Erzherzogin – bei tiefen Temperaturen und Schnee – über die Alpen nach Tirol auf, das bis dahin von ihrem Ehemann als kaiserlicher Statthalter ohne großen Hofstaat verwaltet worden war. Die pompösen Hochzeitsfeierlichkeiten in Innsbruck und Umgebung dauerten vom 19. April bis zum 1. Mai 1626. Sie umfassten unter anderem drei Bälle, ein Hochamt in der Innsbrucker Hofkirche, eine Gämsenjagd bei Zirl, eine Ballettaufführung und ein Feuerwerk. Abgeschlossen wurden die Feierlichkeiten mit dem Besuch von Schloss Ambras bei Innsbruck.

Die Ankunft der florentinischen Prinzessin und nunmehrigen Erzherzogin bedeutete eine Veränderung und Vergrößerung des Hofstaates in Innsbruck. Der Erzherzogin wurde zugestanden, einige ihrer Begleiter aus ihrer Heimat zu behalten, so unter anderem den Obersthofmeister Luigi Vettori, der erst ein Jahr später nach Florenz zurückkehrte. Italienischsprachige männliche Personen finden wir im Hofstaat als Garderobiers, Kammerdiener, Kammerheizer, Sommeliers, Sänftenmeister oder Schneider. Die meisten der sogenannten »Hoffräuleins« und Kammerdienerinnen waren aus Florenz nach Innsbruck mitgekommen. Als Beichtvater der Erzherzogin Claudia fungierte der nicht dem Hofstaat zugehörige florentinische Jesuit Pietro Malaspina. Aber auch im Hofstaat ihres Ehemannes finden sich italienischsprachige Personen: unter anderem ein Kammerportier, ein Schlossgärtner in Ambras, zwei Sekretäre und ein Kanzlist. Vier geistliche Musiker aus dem italienischen Raum, die bereits vor Leopolds Heirat am Hof in Innsbruck engagiert gewesen waren, blieben im Dienst. Darüber hinaus holte man auch einige bildende Künstler aus der Toskana nach Tirol, wie beispielsweise den Maler Lorenzo Lippi. In Summe kann man davon ausgehen, dass zu Zeiten von Erzherzogin Claudia bis zu einem Drittel der am Innsbrucker Hof lebenden Personen italienischsprachig war. Augenfällig wird der Ein-

Claudia de' Medici wurde im Palazzo Pitti in Florenz geboren.

fluss Italiens vor allem in der Architektur. So wurde der Innsbrucker Hofbaumeister Christoph Gumpp im Jahr 1628 nach Mantua, Florenz und Parma gesandt, um die dortigen Schauspielhäuser zu studieren, nach deren Muster ein Theaterhaus in Innsbruck errichtet werden sollte. Nach seiner Rückkehr folgte der Umbau des alten, nördlich an die Innsbrucker Hofburg anschließenden Ballspielhauses in ein Saaltheater, das bis zur Zerstörung im Zweiten Weltkrieg als »Dogana« oder als das alte landesfürstliche »Comedihaus« bekannt war.

Nach dem Tod des Tiroler Landesfürsten Leopold im September 1632 war Claudia mit 28 Jahren bereits zweifache Witwe. Als Mutter des Thronerben Ferdinand Karl (1628–1662) wurde sie vom Familienoberhaupt, Kaiser Ferdinand II., bis zur Volljährigkeit des damals vierjährigen Erbprinzen zur Mitregentin in Tirol ernannt, wobei der Kaiser zumindest auf dem Papier der Tiroler Landesherr blieb. Unterstützt durch ein vom Kaiser vorgeschriebenes fünfköpfiges »Geheimes Ratsgremium« regierte Erzherzogin Claudia bis April 1646: Dann ging die Regentschaft auf ihren nun volljährigen Sohn Ferdinand Karl über.

Heute erinnern in Tirol vor allem Festungsbauten an die Landesherrin aus dem Hause Medici. Immerhin fiel ihre Regentschaft in die Zeit des Dreißigjährigen Krieges. Dementsprechend wurden die Landesgrenzen – trotz der schwierigen finanziellen Lage des Landes – mehr oder weniger rasch zusätzlich befestigt. So ließ Claudia an der nördlichen Grenze des Landes im Außerfern gegenüber der Festung Ehrenberg (Reutte) eine weitere Schutzanlage errichten, die man zu Ehren der Regentin nach ihrer Namenspatronin – der heiligen Claudia – *Fort St. Claudia* nannte. Ebenfalls verstärkt und ausgebaut wurden die Festung Kufstein und die Schanzen an der Scharnitzer Klause, wo man die nach ihr benannte Talsperre *Porta Claudia* errichten ließ. Die genannten Anlagen sollten die militärische Verteidigung Tirols in diesen unruhigen Zeiten verbessern.

Zwei Monate nach dem Friedensvertrag von Osnabrück (Oktober 1648), der den Dreißigjährigen Krieg formal beendete, starb Claudia im Alter von 44 Jahren in der Innsbrucker Hofburg. Sie wurde neben ihrem Mann in der Gruft unter der Jesuitenkirche begraben. Die Verbindung zwischen Tirol und den Medici riss mit ihrem Tod jedoch nicht ab: Ihr Sohn Ferdinand Karl heiratete eine seiner Cousinen: eine Prinzessin namens Anna aus dem Hause Medici; sie war eine Tochter des toskanischen Großherzogs Cosimo II. de' Medici und der Maria Magdalena von Österreich. So blieb das enge Band zwischen Tirol und der Toskana weiter bestehen.

Italienische Mosaiksteine

Achtung: Eine italienische Wespe kommt Ihnen entgegen!

In der italienischen Stadt Pontedera (Provinz Pisa) summen im doppelten Sinn des Wortes Wespen und Bienen: Auf einem riesigen Gelände reiht sich Werkshalle an Werkshalle. Dort wird ein Fahrzeug hergestellt, das – ähnlich wie der VW Käfer – auch in Österreich Kultcharakter hat: die *Vespa,* zu Deutsch Wespe. Fast 20 Millionen Stück dieses Motorrollers wurden seit dem Jahre 1946 in alle Welt verkauft. Doch die Erfolgsgeschichte hatte indirekt bereits 1884 begonnen. Denn in diesem Jahr eröffnete in Sestri Ponente am Rande von Genua der 20-jährige Rinaldo Piaggio (1864–1938) eine Schreinerei, die sich vor allem auf Innenausbau-

Der Kult-Roller »Vespa«

ten für die Schifffahrt spezialisierte; im Laufe der Zeit kamen der Innenausbau und die komplette Fertigung von Bahnwaggons, Flugzeugen und anderen Fahrzeugen hinzu. Den Grundstein für den unternehmerischen Erfolg hatte schon sein Vater Enrico gelegt, als er 1882 das Grundstück in Sestri Ponente kaufte, welches zuerst für ein Holzlager und ein Sägewerk verwendet wurde.

Die Firma expandierte laufend und fertigte auch unter Lizenz. 1924 übernahm sie eine Fabrik für Motoren und Flugzeuge in Pontedera, dem heutigen Stammsitz der Firma Piaggio. Die Fokussierung der Fertigung auf Kriegsflugzeuge im Zweiten Weltkrieg führte fast zum Untergang des Unternehmens, denn im Oktober 1943 und Juni 1944 wurde das Werk in Pontedera bombardiert. Der damalige Firmeninhaber Enrico Piaggio II. (1905–1965), Rinaldos Sohn, stand nach Kriegsende vor der Herausforderung, mit den wenigen vorhandenen Mitteln die Fabrik wieder aufzubauen – doch was sollte hergestellt werden? Aufgrund der kriegsbedingten schlechten Verkehrsinfrastruktur war ein wendiges, einfaches und billiges Fahrzeug die Lösung: ein Motorroller, wie ihn bereits die US-Amerikaner verwendeten. Nach einem ersten erfolglosen Entwurf gelang dem Luftfahrtingenieur Corradino D'Ascanio (1891–1981) im Jahre 1946 der große Wurf: der Motorroller MP6 (Markenname »Vespa 98«, da der Hubraum 98 Kubikzentimeter betrug), der – wie schon sein erfolgloser Vorgänger – den praktischen offenen Durchstieg und einen Direktantrieb aufwies und eine Geschwindigkeit von bis zu 60 Stundenkilometern erreichte. Um den Fahrer vor Schmutz zu schützen, wurde der Motor komplett verdeckt untergebracht.

Wie aber kam dieser Motorroller zu seinem Namen Vespa? Dazu existiert die folgende Anekdote: Als Enrico Piaggio das Modell zu Gesicht bekam, soll er »sembra una vespa« ausgerufen haben: »Es sieht aus wie eine Wespe!« Dieser Vergleich passte aufgrund der schmalen Taille des Rollers, des rundlichen Chassis und des inzwischen typischen Motorengeräusches. Letzteres könnte auch von einer Biene stammen, italienisch: ape. Tatsächlich wurde von der Firma Piaggio 1948 erstmals das Lastendreirad *Ape* gebaut, welches wie die Biene ein Arbeitstier ist und in Italien überall herumbrummt – im Gegensatz zu Österreich, wo nur wenige Fahrzeuge dieses Typs unterwegs sind. Die Ape ist genaugenommen eine Vespa, die in der Mitte durchtrennt und deren hinterer Teil durch einen Rahmen mit zwei seitlichen Rädern und einem Aufbau ersetzt ist.

In den 1950er-Jahren wurde die Vespa sukzessive auch in Österreich bekannt und zu einem beliebten, weil billigen Fahrzeug, und dies vor allem bei der jungen Generation. In den späten 1960er-Jahren verlor sie an Bedeutung, da es immer mehr Automobilhersteller und immer kostengünstigere Automobile auf dem Markt gab. Derzeit gewinnt der Motorroller – neben dem Fahrrad – in den durch PKW- und LKW-Verkehr verstopften Städten in Europa wieder an Bedeutung als städtisches Verkehrsmittel.

Die Firma Piaggio brachte im Laufe der Jahrzehnte auch andere Motorroller auf den Markt, die nicht unter dem Label Vespa ver-

Das italienische Arbeitstier »Ape«

marktet wurden, sich aber gegen den Klassiker kaum durchsetzen konnten.

Berühmt wurde die Vespa im deutschsprachigen Raum auch durch den 1953 ins Kino gekommenen Film »Ein Herz und eine Krone« (Originaltitel »Roman Holiday«), in welchem die beiden Hauptdarsteller Audrey Hepburn und Gregory Peck mit einem Vespa-Motorroller Modell 125 auf abenteuerlicher Fahrt durch Rom unterwegs sind. Dieser Film war ein kleiner Teil des Weges zum großen Erfolg des Markennamens Vespa, der heute noch als Synonym und Überbegriff für Motorroller im Allgemeinen steht. Dies ist ein Status, der nur sehr wenigen Marken (wie in Österreich *Almdudler* für Kräuterlimonade) vorbehalten ist.

Übrigens: Wem die Vespa und die Ape zu wenig an Kultfahrzeugen aus Italien sind, kann sich auch bei anderen italienischen Marken umschauen, die unter Motorradfreunden bekannt sind: Aprilia und Moto Guzzi. Beide gehören inzwischen ebenfalls zum Piaggio-Konzern, der bei Motorrollern europäischer Marktführer ist. Apropos Marken des Konzerns Piaggio: 1987 übernahm das italienische Unternehmen die traditionsreiche österreichische Moped-Marke Puch von der Steyr-Daimler-Puch AG.

Dass die Vespa – im Gegensatz zur Ape – in Österreich weit verbreitet ist, zeigen die Verkaufszahlen bei Motorrädern. Sie ist die mit Abstand am häufigsten verkaufte Motorrad-Marke in Österreich: Derzeit werden jedes Jahr mehr als 6000 Stück dieses Kult-Zweirades abgesetzt. Wie es derzeit aussieht, wird sich an dieser italienischen Dominanz in naher Zukunft nichts ändern.

Ein Wiener Ausflugsziel aus dem Friaul

»Das ist eine Stunde weit von Wien, wo ich schreibe. es heist Reisenberg. Ich war schon einmal über nacht hier; und izt bleib ich etwelche Täge. – Das häuschen ist nichts; aber die Gegend! – der Wald – worinen er eine grotte gebauet, als wenn sie so von Natur

Das Schloss-Hotel Cobenzl, um 1935

wäre. Das ist Prächtig und sehr angenehm.« Diese Zeilen über das Ausflugsziel Cobenzl nahe dem Wiener Weinbauort Grinzing schrieb kein Geringerer als der Komponist Wolfgang Amadé Mozart (1756–1791) am 13. Juli 1781 an seinen Vater. Der Musiker war vom damaligen Besitzer Graf Johann Philipp Cobenzl persönlich für einige Tage auf den Besitz am Reisenberg eingeladen worden. Mozart kannte den Grafen – wie so viele andere der Wiener Gesellschaft – bereits von einer seiner Reisen als »Wunderkind«. Sie waren einander erstmals im Zuge des Brüsselaufenthaltes der Familie Mozart im Herbst 1763 begegnet. Jahre später war Anne Charlotte Alexandrine de Thiennes e Rumbeke, eine Cousine Cobenzls, Klavierschülerin bei Mozart. Der Unterricht erfolgte in der Wollzeile im Wiener Stadtpalais von Graf Cobenzl.

Doch zurück zum Reisenberg: Der Name des einstigen Besitzers Cobenzl ging noch zu dessen Lebzeiten auf die Gegend über: Der *Reisenberg* wurde zum *Cobenzl*. Seit dem späten 18. Jahrhundert nutzen Generationen von Wienerinnen und Wienern den

Cobenzl als Ausflugsziel. Die interessante Geschichte des Gebietes beginnt jedoch schon Mitte des 18. Jahrhunderts und führt uns in das italienische Gorizia (deutsch: Görz). Die Grafschaft Görz war mit kurzen Unterbrechungen mehr als 400 Jahre ein habsburgisches Kronland. Heute ist Gorizia als Hauptstadt der gleichnamigen italienischen Provinz ein Teil der Region Friaul-Julisch Venetien. Als mit dem Frieden von Paris 1947 die Staatsgrenze zwischen Italien und Jugoslawien neu gezogen wurde, besiegelte man die seit dem Zweiten Weltkrieg bestehende Teilung der Stadt. Der kleinere östliche Teil kam zu Jugoslawien und bildet seither die später ausgebaute Stadt Nova Gorica, die heute zu Slowenien gehört. Die von einer mächtigen Burg überragte Stadt Gorizia war über die Jahrhunderte von verschiedenen Volksgruppen und Herrschern geprägt worden. Auch heute noch spürt, sieht und hört man die verschiedenen Einflüsse: So leben italienisch-, slowenisch-, friulanisch- und deutschsprechende Menschen in der zweigeteilten Stadt, die durch den EU-Beitritt Sloweniens langsam wieder zusammenwächst.

Im italienischen Teil der Stadt wohnte und starb im familieneigenen Palazzo Graf Guido Cobenzl, der Vater von Johann Philipp. Das seit dem 13. Jahrhundert nachweisbare Geschlecht derer von Cobenzl – ursprünglich aus Kärnten stammend – besaß vor allem im Herzogtum Krain und der Grafschaft Görz Güter und ist seit 1675 im Reichsgrafenstand nachweisbar. Obwohl Johann Philipp Cobenzl im März 1741 in Laibach geboren wurde, verbrachte er große Teile seiner Kindheit in Gorizia. Mit 22 Jahren begann er seine Tätigkeit im Staatsdienst bei der sogenannten Rechnungskammer in Brüssel. Ab Dezember 1768 war Johann Philipp wirklicher Hofrat und Präsident der Zollcommission. 1772 zog er nach Wien. Mit der Ernennung zum Vizepräsidenten der *Banco-Deputation* im Mai 1774 stieg sein Gehalt von 5000 auf 8000 Gulden pro Jahr. Dies ermöglichte ihm nach seinen eigenen Worten den Kauf »einer strohgedeckten Hütte mit einem kleinen Stück Grund rundherum auf einer der Höhen des Kahlenberges um 1200 Gulden«, um dort den Sommer zu verbringen. Wie er selbst bemerkte, suchte er hier »Ruhe und Vergnügen«. Das bestehende Gebäude ließ Cobenzl in mehreren Phasen vergrößern. Er schrieb in seinen Lebenserinnerungen: »Für diese strohgedeckte Hütte, die nach und nach zu einem Hause wurde, und für diesen Grund, der nach und nach zu einem Park mit einem Gehöft wurde, habe ich im Laufe von 30 Jahren an die 400 000 Gulden ausgegeben. Eine Ausgabe, die ich nie bereut habe, da sie mir 30 Jahre Vergnügen beschert hat.« Der Landschaftsgarten rund um das einfache Landhaus wurde in den folgenden Jahrzehnten von vielen Besuchern – in manchen Fällen euphorisch – geschildert. Der Deutsche Christoph Meiners, Philosophieprofessor in Göttingen, schrieb 1788 nach seinem Besuch: »Der Graf von Cobenzl hat eine Wildnis in einen berühmten Garten umgeschaffen [...]. Der Hauptcharakter des Cobenzlischen Gartens ist eine einladende Ländlichkeit, die daher entsteht, daß die Natur fast alles, und die Kunst wenig, oder gar nichts gethan zu haben scheint, oder wenigstens nicht auf eine unangenehme Art hervordringt.« Die zahlreichen Aussichten auf die Stadt Wien und die Donaulandschaft, der Waldreichtum und die zahlreichen hölzernen Staffagebauten (Schmuckbauten) führten dazu, dass die Anlage am Reisenberg von den Zeitgenossen bewundert wurde. Der Landschaftsgarten bildete einen der mit Vorliebe gewählten Zielpunkte für die Ausflüge der adeligen und bürgerlichen Gesellschaft Wiens. Besonderer Anziehungspunkt vieler Ausflügler war die *Meierei*. Sie war Teil einer Musterlandwirtschaft mit Feldern, Wiesen und Weingärten. Eine eigene Wasserleitung sorgte für frisches Wasser. Im Gasthaus konnte die im guten Ruf stehende »Alpenmilch« konsumiert werden. Milch, Käse und Schlagobers wurden auch zum Verkauf mit einem Milchwagen in die Stadt geführt. Die Milch kam in das gräfliche Palais, wo eine der ersten herrschaftlichen Milchverkaufsstellen Wiens etabliert war, in der ausschließlich »Herrschaften« bedient wurden. Am Vortag musste man durch Bedienstete die *kuhwarme Milch* (*Lait naturel*), die *abgerahmte Milch* (*Lait clair*) oder das *Obers* (*Creme fraiche*) bestellen lassen.

Die natürlich wirkenden Staffagebauten, die Cobenzl an attraktiven Punkten verstreut aufstellen ließ, eröffneten einen guten Blick auf die Stadt Wien und die Donaulandschaft. Die meisten dieser Bauten bestanden aus Holz, wie zum Beispiel die *Alpenhütte*, der *Baumtempel* und der *gothische Tempel*. Unabhängig von diesen viel gepriesenen Attraktionen stieg Johann Philipp Cobenzl kontinuierlich in der Beamtenhierarchie auf. Höhepunkt war seine Funktion als Haus-, Hof- und Staats-Vizekanzler. Nach seiner Abberufung war er noch einige Jahre Gesandter in Paris.

Trotz zahlreicher schriftlicher und bildlicher Quellen hält sich bis heute hartnäckig die Legende, Cobenzl hätte auf dem Reisenberg ein repräsentatives Sommerschloss errichten lassen. Der Umbau von einem einfachen Landhaus zu einem schlossartigen Gebäude erfolgte jedoch erst unter einem späteren Besitzer: Franz Simon Graf von Pfaffenhofen kaufte 1811 – nach dem Tod Cobenzls – den Reisenberg. Bei den kurzlebigen und leicht zerstörbaren Naturmaterialien – wie Baumstämmen, Ästen, Borken –, die Cobenzl für die Gartenarchitektur verwendete, nimmt es nicht Wunder, dass die Anlage nach seinem Tod ohne Pflege und Ausbesserungsmaßnahmen rasch verfiel. Die nachfolgenden Besitzer hatten entweder nicht das Geld oder kein Interesse am Erhalt des Landschaftsgartens.

Das Schlosshotel Cobenzl mit Restaurant, wie wir es von alten Postkarten her kennen, geht auf die *Allgemeine österreichisch-holländische Baugesellschaft* zurück, die das Gelände mit allen Gebäuden 1896 kaufte. Das Schlosshotel samt dem bis zum Krapfenwaldl reichenden Grundbesitz mit einer Gesamtfläche von rund 135 Hektar ging 1907 an die Gemeinde Wien, die das Hotel und das Restaurant 1911 neu eröffnete. Der Bau einer eigenen Straße von Grinzing auf den Cobenzl, die später in die Höhenstraße einbezogen wurde, kam auch Touristen zugute. Während des Zweiten Weltkrieges diente das Schloss als Lazarett. Am 1. Dezember 1948

PHILIPPO·
GVIDOBALDO·CO·A·COBENZL·
L·BAR·IN·PROSEK·
FILIO·
AVGG·A·SECRET·CONSIL·
AVLAE·ET·STATVS·
PRO·CANCELLARIO·
VNITARVM·ARTIVM·ACADEMIAE·
CVRATORI·
ANTIQVITATE·GENERIS·
GLORIA·MAIORVM·
PIETATE·IN·DEVM·ET·PATRIAM·
LITERARVM·ET·AGRICVLT·STVDIO·
ILLVSTRI·
ORNATO·TORQVIBVS·
PERFVNCTO·LEGATIONIBVS·
EGREGIAE·STIRPIS·
NOVISSIMO·
III·KAL·SEPTEMB·M·D·CCCX·AET·ANNO·LXX·
REI·PVBL·ERECTO·
MICHAEL·CO·CORONINVS·A·CRONBERG·
EX·ASSE·HAERES·
GRATI·ANIMI·MONVMENTVM·
P·

Das Grab von
Johann Philipp
Cobenzl auf
dem St. Marxer
Friedhof

brannte das Gebäude aus; die ungeschützten Reste verfielen. Ab April 1966 wurde mit der Abtragung des Schlosshotels begonnen.

Da von seinem Landhaus und seinem Landschaftsgarten auf dem Reisenberg kaum Reste erhalten sind, finden wir heute eine der letzten Spuren Cobenzls auf dem Friedhof: Der am 30. August 1810 in seinem Wiener Stadtpalais verstorbene Johann Philipp Graf Cobenzl liegt auf dem St. Marxer Friedhof (Wiener Bezirk Landstraße) begraben. Seine Person markiert das Ende, denn mit ihm erloschen die Familie und der Familienname Cobenzl.

»Mehr Spleen als Sport«. Ein Italiener auf dem Großglockner

»Gehirnerschütterung in Folge unglücklichen Sturzes«. Mit diesen einfachen Worten in den Akten der Pfarrkirche Heiligenblut (Kärnten) endet die Geschichte eines berühmten Draufgängers: Alfred Markgraf Pallavicini. Bei dem Versuch, eine der spektakulärsten Bergrouten in den Ostalpen als Erster zu begehen, war ihm der »unglückliche Sturz« passiert. Der unerschrockene Alpinist stammte aus einer alten, ursprünglich in Oberitalien ansässigen Adelsfamilie. Stammvater des »österreich-ungarischen« Familienzweiges war der in Genua geborene Gianluca Pallavicini (1697–1773), der in seiner Funktion als diplomatischer Vertreter Genuas an den Wiener Hof gekommen war. 1733 trat er in kaiserliche Dienste über und bekleidete in der Folge verschiedene politische und militärische Funktionen. Nach einer Zeit in der Verwaltung der Lombardei wurde er 1749 zum kommandierenden General in Italien und 1754 mit 57 Jahren zum General-Feldmarschall ernannt. Aus einer Nebenlinie seiner Familie stammen zwei interessante Persönlichkeiten mit Bezug zu Österreich: einerseits Alphons Pallavicini (1807–1875), der durch die österreichische Bestätigung des Markgrafentitels und den 1841 erfolgten Ankauf des ehemaligen Palais Fries am Wiener Josefsplatz seine gesellschaftliche Stellung heben konnte, und andererseits der im ungarischen Sopron (Ödenburg) geborene Alpinist Alfred Markgraf Pallavicini (1848–1886). Mit 18 Jahren trat Alfred in das Militär ein, dem er ab 1866 als Leutnant der Reserve angehörte. Nach einer Weltreise 1872/1873 wandte er sich verstärkt dem Alpinismus und dem Kraftsport zu. Immer wieder schrieben deutschsprachige Zeitungen über seine Alpentouren, die er stets mit einheimischen Bergführern unternahm: So berichtete beispielsweise das *Linzer Volksblatt* von der am 16. Juni 1879 erfolgten Erstbesteigung der sogenannten vorderen (kleinen) Bischofsmütze im Dachsteingebirge. Der höhere Hauptgipfel konnte damals wegen des starken Windes nicht

Heiligenblut, im
Hintergrund der
Großglockner

bestiegen werden. Doch schon drei Jahre zuvor (am 18. August 1876)
war ihm – gemeinsam mit drei Bergführern – die erstmalige
Besteigung des Großglockners über jene steile Eisrinne gelungen,
die von der kleinen Scharte zwischen Klein- und Großglockner
zum Pasterzengletscher hinabführt und bald nach ihm benannt
wurde: die Pallavicini-Rinne. Diese Durchsteigung, die nur durch
das Schlagen von Stufen in das Eis möglich war, galt seinerzeit als
ein neuer Meilenstein im Alpinismus. Zwischen seinen Touren
begab sich der Markgraf immer wieder – meist im Juli, August
und September – zur Kur nach Bad Ischl oder Franzensbad.

Der als extravagant und als Sonderling geltende Alfred Pallavicini war nicht nur Extrembergsteiger, sondern auch ein bedeutender Gewichtheber. Er hatte sich – wie die *Allgemeine Sport-*

Zeitung 1886 berichtete – in seiner Parterre-Wohnung im Ofenheim-Palais am Wiener Schwarzenbergplatz eine eigene Kraftkammer eingerichtet, wo er meist zu Mittag Gewichte hob und stemmte. Obwohl Amateur und von eher schmächtiger Gestalt, galt er zu seiner Zeit als einer der stärksten Männer Wiens. Seine persönlichen Rekorde waren 62 ½ Kilogramm Reißen mit einer Hand, 80 Kilogramm Stemmen mit zwei Händen und 225 Kilogramm Heben mit einem Finger. Er lud immer wieder zu Vorführungen ein, um seine Stärke zu zeigen und sich mit anderen zu messen. So fand beispielsweise 1880 vor einer kleinen geladenen Gesellschaft eine »athletische Privat-Production« statt, an der sich neben Pallavicini auch der stadtbekannte »Starke Mann« Georg Jagendorfer beteiligte. Seine Muskelkraft zeigte der Markgraf aber auch in der Öffentlichkeit. So gehörte es zu seinen Lieblingsbeschäftigungen, Fiaker-Fahrzeuge bei den hinteren Rädern zu fassen und in die Höhe zu heben. Bald erlangte der ledige Graf als »Kraftmeier« Berühmtheit bei den Kutschern und den Damen der Stadt.

Pallavicini war im Mai 1876 auch mit einer anderen, delikateren Sache aufgefallen: An einem Sonntag zeitig in der Früh fand in einem Wiener Privathaus ein Duell mit Säbeln zwischen dem Markgrafen Pallavicini und einem Grafen statt, wobei sowohl die Duellanten als auch die Sekundanten absolutes Stillschweigen über das Vorgefallene vereinbarten. Aber die Sache ließ sich nicht geheim halten, die Gerüchteküche brodelte und die Zeitungen berichteten ausführlich. Anlass sollen – wie es damals hieß – »ehrenrührige Äußerungen eines Cavaliers über eine Dame aus adeligen Kreisen« gewesen sein. Pallavicini wurde von seinem Gegner durch zwei Säbelhiebe verwundet, konnte jedoch am nächsten Tag mit einem Verband das Haus verlassen.

Das vor allem für seine Eltern bittere Ende begann am 4. Juli 1886 mit Zeitungsmeldungen. So berichtete beispielsweise die *Wiener Morgen-Post* unter dem Titel »Markgraf Alfred Pallavicini verunglückt?«, dass eine Depesche aus dem tirolerischen Lienz einge-

Gedenkbuch für die am Großglockner Verunglückten mit dem Eintrag zu Pallavicini

langt sei. Diese besagte, dass Pallavicini und ein weiterer Herr mit zwei Kalser Bergführern eine Glockner-Besteigung unternommen hätten und bisher nicht zurückgekehrt seien. Die ausgeschickte Suchmannschaft fand nur drei Tote am Unglücksort; von Pallavicini fehlte zunächst jede Spur. Das Auffinden seiner Leiche am 12. Juli und die Rekonstruktion der Ergebnisse ergaben, dass der – nach einem Sturz infolge des Abbrechens einer Wechte in der Glocknerwand – schwer verletzte Markgraf versucht hatte, alleine abzusteigen. Nach einigen hundert Metern war er jedoch an Erschöpfung gestorben. Sein Todesdatum wird offiziell mit 26. Juni 1886 angegeben. Die Toten wurden nach Heiligenblut gebracht und dort auf dem Dorffriedhof begraben, wo noch heute das Grab Pallavicinis und ein Denkmal an eine der ersten Bergsteigerkatastrophen in den Alpen erinnern. Der damals bekannte Sport-Journalist Victor Silberer kritisierte in zwei Nachrufen in

der von ihm herausgegebenen *Allgemeinen Sport-Zeitung* den
»excentrischen« Markgrafen, dessen Art von Bergsteigen »mehr
Spleen als Sport« war. Trotzdem schloss Silberer mit den Worten,
dass »eine der originellsten Persönlichkeiten der Wiener Sportwelt
aus dem Leben geschieden ist«.

Venezianische Kostüme mitten in Österreich?

»Wegen Brauchtumspflege geschlossen« – an mehreren Geschäfts-
lokalen im steirischen Bad Aussee kann man diesen Text jeden
Rosenmontag und Faschingsdienstag an der Eingangstür entdecken. Die »fünfte Jahreszeit« ist die fröhlichste und ausgelassenste
Zeit im steirischen Salzkammergut, wie schon die Linzer Zeitung
Tages-Post im Februar 1926 berichtete: »›Die große Trommel‹, eine
Sippe ulkiger Musikanten, als weiße Mädchen gekleidet, mit
äußerst primitiven Musikinstrumenten, zieht durch die Straßen
und kündet allen durch das Äußere den jungen, einziehenden
Frühling an. Die ›große Trommel‹ zieht von einem Gasthaus zum
anderen. Einzig dastehend in ihrer Art sind die Ausseer Flin-
serl-Faschingsmandl- und -weiblkostüme. Sie sind reichlich ausgestattet mit aufgenähten Figuren und mit Flitter dicht übersät;
alles Handarbeit; die Anfertigung nimmt oft eine Zeit von zwei bis
zweieinhalb Jahren in Anspruch. Die Maske ist italienischen
Ursprungs; sie wurde seinerzeit von den Ausseer Salzfuhrleuten,
welche mit ihrer sauren Last tief nach Italien eindrangen, von dort
ins Ausseer Landl gebracht.« Auch wenn Volkskundler heute beto-
nen, dass die Herkunft der bunten, glitzernden Kostüme der »Flinserln« aus dem venezianischen Raum zwar oft behauptet wurde,
aber bisher nicht bewiesen werden konnte, ist eine Verbindung
sehr wahrscheinlich. Unabhängig von dieser Frage wurde vor kurzem in einer Ausstellung im Kammerhofmuseum in Bad Aussee
festgehalten, dass die Geschichte der Flinserln zumindest bis in
das 18. Jahrhundert zurückreicht. Mit ihren Kostümen aus Leinen-

Ein »Flinserl« mit einer Gesichtsmaske aus Stoff und einem bunten Spitzhut

hosen und Leinenjacken, die mit bunten Figuren und Ornamenten aus Tuch benäht und mit Hunderten Silberplättchen (den namengebenden Flinserln) versehen sind, zählen sie zu den interessantesten und aufwendigsten Brauchtumskostümen im Alpenraum. Die Kostüme mit Halskrause, einer Gesichtsmaske aus Stoff und einem bunten Spitzhut aus verzierter Pappe und Filz erinnern an Figuren aus der Commedia dell'arte und auch an den venezianischen Karneval. Einige der derzeit rund 70 Flinserln tragen noch Kostüme aus dem 19. Jahrhundert; die meisten verwenden jedoch neue Gewänder, deren Herstellung etwa 500 Stunden Arbeit in Anspruch nimmt.

Noch heute ziehen die Flinserln jedes Jahr als Teil des Faschings-
zuges am Faschingsdienstag durch das Zentrum der Stadt Bad
Aussee. Der Flinserlzug, der von der Flinserl-Geigenmusik ange-
führt wird, soll den nahenden Frühling symbolisieren. Begleitet
werden die Flinserln von den »Zacherln«. Diese tragen weniger
aufwendig gestaltete Kostüme und einen schwarzen Zylinder auf
dem Kopf. Mit einer auf einem Stiel befestigten Saublase bahnen
sie sich und den Flinserln mit leichten Schlägen einen Weg durch
die vielen Zuschauer. Die Flinserln hingegen sind ausgerüstet mit
bestickten Säcken voll von Nüssen, Früchten und Süßigkeiten.
Verfolgt werden sie von einer Schar Kinder, die von den Flinserln
aufgefordert wird, im Chor ihren Spruch aufzusagen: »Heut ist der
Faschingstag, heut sauf i, was i mag. Heut mach i's Testament,
's Geld geht zum End«. Auf den einstimmigen Ruf der Kinder
»Nuuuß« werfen die Flinserln ihre Gaben unter die Kinder.

Die Flinserln sind Teil der »Maschkera« (eine Verballhornung
des italienischen Ausdrucks für Maske oder Maskerade), die an
den drei Faschingstagen vor dem Aschermittwoch in Bad Aussee
auftauchen: Neben den Flinserln sind es die in der *Tages-Post* von
1926 erwähnten »Trommelweiber«, welche mit ohrenbetäuben-
dem Lärm den letzten Rest des Winters verscheuchen. Alle Trommelweiber sind Männer, welche Frauenmasken und ein Spitzen-
häubchen sowie ein vorwiegend weißes Gewand tragen, das einem
Nachtgewand samt Unterrock ähnlich ist. Als dritte Gruppe gibt
es die als Winterdämonen geltenden »Pless« (oder »Bless« bzw.
»Bletz«), die einen großen Korb auf ihrem Kopf tragen und ver-
suchen, Burschen und Mädchen mit nassen Fetzen zu schlagen.
Diese wiederum schlagen die Pless mit Schneebällen in die Flucht:
Die Jugend vertreibt bildlich gesehen den alten Winter.

Die erste schriftliche Erwähnung des Faschings in Bad Aussee
findet sich bereits 1524 in den Akten der Salinenverwaltung. Diese
»Feiertage«, an denen man sich verkleiden durfte, boten im über-
tragenen Sinn ein Ventil, den Verwaltern und Eigentümern der
Salinen anonym die Meinung sagen zu können. Mitunter wurde

Kostüm der
»Flinserln« mit
Silberplättchen

den Ortsverantwortlichen das lustige Treiben zu bunt und sie sahen Handlungsbedarf – davon zeugt eine Eintragung ins Ratsprotokoll von Aussee aus dem Jahre 1703, die besagt, dass »die Masquarady bei den anrückenden Faschingtagen, wegen erhöblicher Ursachen, ganz billiger weis eingestellt und verboten, die Spielleut mit einer gebührenden Discretion beurlaubt worden« sind.

Seit 2016 ist der Ausseer Fasching in der Liste des immateriellen Kulturerbes der UNESCO verzeichnet. Wie schon im Bewerbungsschreiben für die Anerkennung als UNESCO-Kulturerbe festgehalten wurde, hat sich der Ausseer Fasching nur so lange erhalten können, weil dieser – im Gegensatz zum Karneval in Venedig – nicht für Touristen inszeniert wird, sondern ausschließlich der Unterhaltung der Einheimischen dient und in unverfälschter Tradition gefeiert wird. Auswärtige sind herzlich willkommen, aber nicht die Zielgruppe dieses Brauchtums, das – mit Ausnahme der Maschkera-Gesellschaft – nicht in Vereinen organisiert ist. Die mündlich überlieferten Regeln und Spontanität reichen aus – und dies seit mehr als 200 Jahren.

Toskanische Eremiten auf dem Kahlenberg und in Landsee

Auf dem Pilgerweg von Florenz über Assisi nach Rom gelangt man auf einem der höchsten Punkte dieser 23 Tage dauernden Tour zu einer im Wald versteckten Einsiedelei: jener von Camaldoli (*Eremo di Camaldoli*). An diesem abgeschiedenen Platz auf rund 1100 Metern gründete der Benediktinermönch Romuald (950–1027) einen neuen Orden, der auf eine eremitische Lebensform abzielte und nach dem kleinen toskanischen Ort im Apennin benannt ist.

Die Anlage von Camaldoli besteht aus zwei topografisch und funktional voneinander getrennten Teilen: Auf einer Waldlichtung liegt die Einsiedelei mit eigener Kirche und einer Reihe von ummauerten Einzelhäusern samt Gärten. Hier wird die Trennung von der bewohnten Welt vollzogen; Schweigen und das Leben in der Zelle stehen im Mittelpunkt des Eremiten. Das liturgische Gebet wird ohne Gesang gemeinsam in der Kirche verrichtet, die Mahlzeiten meist alleine in der Zelle eingenommen. Die Abgeschiedenheit der kleinen Häuschen wird heute durch eine die gesamte Anlage umfassende Mauer zusätzlich betont. Noch zu Lebzeiten des heiligen Romuald wurde knapp drei Kilometer unterhalb der Einsiedelei das Haus *Fontebuona* errichtet. Es diente zunächst als Gästehaus, Sitz der Wirtschaftsverwaltung und Krankenhaus der Eremiten. Im Laufe der Zeit wurde es immer größer und wirkt heute auf den Besucher wie ein eigenständiges Kloster.

Die Einsiedelei Camaldoli (Toskana) im Apennin

Die Mönche von Camaldoli verbinden bis zum heutigen Tag das Leben in Einsamkeit (»eremitisches Leben«) mit dem in Gemeinschaft (»koinobitisches Leben«). Für mehrere Wochen ziehen sie sich einzeln in die Einsiedelei zurück und bleiben für sich alleine. In abgesonderten kleinen Häuschen mit Garten widmen sie sich ganz dem Gebet, der Kontemplation, der Gartenarbeit und der Askese. Den Mitbrüdern begegnen sie nur während der Gebetsstunden und Gottesdienste – ohne dabei ein privates Wort zu wechseln. Während des übrigen Jahres wohnen sie gemeinsam im Haus Fontebuona, in dem es deutlich mehr Begegnungen und Austausch untereinander gibt.

Der Camaldulensermönch Paul Giustiniani war es, der Anfang des 16. Jahrhunderts wieder zu den Wurzeln des Ordens zurückkehrte, nämlich zu einer rein eremitischen Lebensweise außerhalb eines Klosters. Er gründete 1525 einen eigenen Zusammenschluss von neuen Einsiedeleien und grenzte sich so von den Brüdern im Kloster Camaldoli ab. Denn diese gaben nach seiner Meinung dem Leben in Gemeinschaft deutlich den Vorrang vor dem Leben in Einsamkeit.

Erst Anfang des 17. Jahrhunderts weitete sich der italienische Orden der Camaldulenser Richtung Norden aus. Nun entstanden zuerst Einsiedeleien im heutigen Polen, danach im österreich-ungarischen Raum. Für die erste von zwei Gründungen auf heute österreichischem Staatsgebiet war Kaiser Ferdinand II. (1578–1637) verantwortlich. Seine Schenkungsurkunde für ein Camaldulen-serkloster am Kahlenberg bei Wien datiert auf den 3. Juli 1628. Die dazugehörige Stiftung war mit 36 000 Gulden dotiert, einer für damalige Verhältnisse enormen Summe. Die Grundsteinlegung für das Kloster fand zwei Monate später statt. Interessanterweise wurde der Grundstein für die dazugehörige Kirche erst im darauf-folgenden August gelegt. Dafür war aber Kaiser Ferdinand II. per-sönlich anwesend – in Begleitung seiner Ehefrau Eleonora Gon-zaga und seines Sohnes Ferdinand, der später seinem Vater als Ferdinand III. auf den Kaiserthron folgen sollte.

Mehr als 50 Jahre nach der Gründung mussten die Mönche das Kloster zwangsweise verlassen: Während der zweiten osmani-schen Belagerung Wiens im Jahr 1683 flohen die Mönche zuerst nach Linz und dann nach Italien; sie kehrten jedoch Anfang November desselben Jahres auf den Kahlenberg zurück.

Die Einsiedelei auf dem Wiener Hausberg war im Gegensatz zur Anlage im toskanischen Camaldoli nicht zweigeteilt. Die 20 kleinen Eremitenhäuser – in vier Reihen aufgestellt und mit jeweils einem dazugehörigen kleinen Obst- und Blumengarten versehen – lagen östlich neben der noch heute bestehenden Kirche und schlossen an zwei große Trakte für Gemeinschafts- und Wirt-schaftseinrichtungen an. Der nördliche Trakt umfasste das Refek-torium, die Küche, mehrere Wohnungen für die Dienstleute, eine Bäckerei sowie ein Presshaus mit Weinkeller. Der südseitige Trakt, an dessen Stelle im 19. Jahrhundert das *Hotel Kahlenberg* errichtet wurde, beherbergte die Krankenstation mit Apotheke, mehrere Fremdenzimmer, das sogenannte Kaiserzimmer, die Gastküche,

Die älteste Ansicht des Camaldulenserklosters auf dem Wiener Kahlenberg.
Aus: *Diarium oder camaldulensisches Tag-Buch*, Wien 1754 (Ausschnitt).

eine Badestube und mehrere Werkstätten. Der weitgereiste Deutsche Friedrich Nicolai beschrieb 1781 die Zellengebäude der Mönche: »Jedes Haus hat zwey Kammern und eine Kapelle, und neben demselben ist ein abgesonderter Garten.« Jeder Eremit hatte für sich ein Zellenhaus von ungefähr 85 Quadratmeter Größe mit Schlafraum, Kammer und Betraum. Der kleine Garten mit einer Fläche von rund 80 Quadratmeter war für den eigenen Anbau von Obst und Gemüse gedacht.

Mit dem Hofdekret vom 12. Jänner 1782 über die Aufhebung von Klöstern kontemplativer Orden in den habsburgischen Erblanden wurde unter Kaiser Joseph II. auch das Camaldulenser-Kloster auf dem Kahlenberg aufgehoben. Im Juli 1782 verließen die letzten Mönche die Einsiedelei und kehrten – im Gegensatz zum Jahr 1683 – nie wieder zurück. Der gesamte Besitz samt der entweihten Kirche und den umliegenden Wäldern wurde vom staatlichen Religionsfonds im April 1783 an den Hofrat Leopold Edler von Kriegl abgegeben. Dieser verkaufte die Zellenhäuser an private Interessenten. Zusätzlich wurde eine Gastwirtschaft eingerichtet, welche die immer größer werdende Zahl an Ausflugsgästen verpflegte. Über die Veränderung der Sitten nach dem Abzug der Eremiten an dem abgelegenen Ort berichtet uns – nicht ohne Spott – der Zeitgenosse Johann Friedel: »Seit dem aber die guten Mönche ihre Zellen verlassen, und nun Trakteur und Wirth da zu finden ist, - o, da wandern ganze Karavanen hinauf. Sie sollten nur sehen, Freund, wie an dem Orte […] izt pokuliert, musizirt, gedanzt, geherzt, geküßt, Schnekken im tiefen Walde gesucht, Schmetterlinge gehascht, und Maulwurfsjagden gehalten werden.«

Die Besitzer bzw. Pächter der einzelnen Zellenhäuser wechselten in rascher Abfolge; unter ihnen war auch Fürst Charles-Joseph de Ligne, der später auf dem nahegelegenen Kahlenberger Friedhof begraben wurde. Er ist noch heutigen Generationen durch ein Bonmot zum Wiener Kongress 1814/1815 bekannt: ein Wortspiel, das verkürzt unter »Der Kongress tanzt« in den allgemeinen Sprachgebrauch eingegangen ist.

Im Jahre 1789 war der Eigentümer nicht mehr zahlungsfähig, und so holte sich der staatliche Religionsfonds als Hauptgläubiger den Kahlenberg zurück. Das Josefsdorf genannte Dorf und die Kirche gingen schließlich 1795 im Versteigerungswege an das Chorherrenstift Klosterneuburg.

Nach mehreren ruhigen Jahren brachte der 1871/1872 erfolgte Bau eines Grandhotels auf der südlichen Bergkante des Kahlenbergs neuen Schwung. Die Gebäudefront mit Erkern und Türmen bildete eine Silhouette, die man von großen Teilen Wiens aus sehen konnte. Doch auch dieser Nutzung war kein sehr langes Leben beschieden. Das Hotel wurde abgerissen und 1935/1936 durch ein Restaurant (Architekt Erich Boltenstern) ersetzt, dessen Bau ab 2003 stark verändert wurde.

Neben der Camaldulenser-Einsiedelei auf dem Kahlenberg gab es eine weitere auf dem Gebiet des heutigen Österreich: jene im niederösterreichischen Landsee, das heute ein Teil der Gemeinde »Markt Sankt Martin« ist. Diese Gründung geht auf Fürst Paul I. Esterházy de Galantha und seine zweite Gemahlin Eva Tököly zurück. Der Fürst bot im März 1700 dem Orden per Brief an, auf einer Bergkuppe nahe seiner Burg Landsee für acht Mönche eine Einsiedelei zu errichten. Er würde sie mit allen notwendigen Bau-lichkeiten ausstatten und 15 000 Gulden als Stiftungskapital ein-bringen. Der Orden nahm das Angebot an; im Jahr 1702 war die Klosteranlage bereits besiedelt. 80 Jahre später war die Mönchs-gemeinschaft schon wieder Geschichte, denn auch dieses Kloster wurde Anfang 1782 unter Kaiser Joseph II. aufgehoben. Im Sep-tember mussten die Mönche das Kloster verlassen. Unmittelbar nach seiner Auflösung verwendete man das Kloster als Steinbruch, unter anderem für den Bau der Kirche in Landsee. Heute stehen noch einige Mauerreste am Gipfel des kleinen Berges, der für den Bau eingeebnet wurde. Der Südhang fällt in zwei Terrassen ab, die mit Stützmauern unterfangen waren. Hier befanden sich mit gro-ßer Wahrscheinlichkeit die für die Selbstversorgung notwendigen Gärten. Der zweireihige Trakt mit den Mönchszellen schloss sich an die Kirche gegen Osten an. Jede Zelle bestand – wie auch auf dem Kahlenberg – aus einem Häuschen mit drei Räumen, an das sich ein Garten anschloss; ganz nach dem Vorbild der Einsiedelei im italienischen Camaldoli.

Eine Gasse für Verletzte

Ein Blick auf Straßenverzeichnisse oder Straßenkarten zeigt, dass es in einigen größeren und kleineren österreichischen Städten »Lazarettgassen« gibt: in Tulln, Graz, Wiener Neustadt und Wien –

und alle haben einen Bezug zu einer unscheinbaren kleinen Insel in der Lagune von Venedig. Nur einige Dutzend Meter entfernt vom Lido – der schmalen Nehrung, welche die Lagune vom adriatischen Meer trennt – liegt die rund 2,5 Hektar große Insel »Lazzaretto Vecchio«. Auf ihr befinden sich barackenartige Gebäude, die heute anscheinend nicht mehr verwendet werden und daher verfallen. Von der Kirche Santa Maria di Nazaretto, von der durch allmähliche Lautverschiebung der Begriff Lazzaretto entstanden sein soll, fehlt auf der Insel inzwischen jede Spur. Dieser Ort diente seit dem späten Mittelalter als Unterbringungsstätte für Pestkranke und war offenbar die erste Krankenstation dieser Art, in der Patienten mit einer ansteckenden Krankheit in sicherer Entfernung von der Stadt beherbergt wurden. Der Begriff »Lazarett« breitete sich aufgrund der Bedeutung der Seemacht Venedig rasch in aller Welt aus, wobei man mit »Lazarett« in späteren Jahrhunderten meist eine Krankenanstalt für verwundete oder erkrankte Soldaten – also ein Militärkrankenhaus – bezeichnete. In Hafenstädten stand der Begriff bisweilen auch für Quarantänestationen, in denen Waren zwischengelagert wurden, die im Verdacht standen, mit Krankheitserregern kontaminiert zu sein. In Venedig selbst gab es eine solche Quarantänestation ab dem 15. Jahrhundert auf der Insel »Lazzaretto Nuovo« in der nördlichen Lagune.

Eine weitere Theorie zur Entstehung des Begriffes »Lazarett« besagt, dass die Lautverschiebung (*Nazaretto* zu *Lazzaretto*) nicht zufällig geschah, sondern mit der biblischen Gestalt des Lazarus zusammenhängt, der laut dem Evangelisten Johannes durch Jesus Christus von den Toten auferweckt und so zum Schutzheiligen der Leprakranken wurde. Für diese Theorie spricht auch die Tatsache, dass man entlang der Via Emilia – der Straße, die seit alters her Rimini mit den Städten am nördlichen Rand des Apennin verbindet – noch heute bei vielen größeren Städten eine Gemeinde oder einen Stadtteil mit dem Namen San Lazzaro findet. Sie alle waren Standorte von Krankenstationen. Namensgeber für das »Lazarett« soll demnach das venezianische »Ospedale di San Lazzaro dei

Die Insel »Lazzaretto Vecchio« in der Lagune von Venedig

Mendicanti«, ein Hospiz für Leprakranke, gewesen sein, welches im 13. Jahrhundert auf die gleichnamige Laguneninsel San Lazzaro – ein Stück nördlich der Insel Lazzaretto Vecchio gelegen – umgesiedelt wurde. 1717 erhielten 18 armenische Mönche die Insel vom Senat Venedigs als Geschenk und die Erlaubnis, auf dem inzwischen unbewohnten Eiland, heute bekannt als »San Lazzaro degli Armeni«, ein Kloster zu gründen. Dieses wird noch heute von Mechitaristen (Mönchen der *Congregazione Armena Mechitarista*) bewohnt. Spuren dieses Ordens findet man auch in Österreich, denn im Jahre 1775 erhielt eine Gruppe von Mönchen von der Herrscherin Maria Theresia das Privileg, in Triest ein Kloster einrichten zu dürfen. Nachdem diese Stadt 1805 von napoleonischen Truppen besetzt worden war, gingen die Mönche nach Wien. Kaiser Franz I. übergab ihnen 1811 ein verlassenes Kapuzinerkloster in St. Ulrich im heutigen siebenten Wiener Gemeindebezirk, das – wenn auch später neu errichtet – noch heute dem Orden der Mechitaristen gehört.

Insel »San Lazzaro degli Armeni« in der Lagune von Venedig

Die Lazarettgasse im neunten Wiener Gemeindebezirk Alsergrund hat mit den Mechitaristen aus Venedig bzw. Triest nichts zu tun. Benannt ist sie nach einem von den Bürgern der Stadt Wien errichteten Lazarett (Siechenhaus), das sich lange Zeit an der heutigen Kreuzung der Spitalgasse mit der Währinger und Nußdorfer Straße befand. Die erste Nennung dieses »Krankenhauses« am rechten Ufer des Alsbaches stammt aus dem Jahr 1540, als die Pest in Wien ausgebrochen war. Ab 1784 stand das Lazarett in Benützung des nahegelegenen (alten) Allgemeinen Krankenhauses. 1857 ordnete man die Übergabe des Alsergrunder Lazaretts an die Gemeinde Wien an. Es wurde mit der dazugehörigen Lazarettkirche – zu der auch ein Friedhof gehörte – 1858 abgebrochen. An seiner Stelle errichtete man in den Jahren 1858 bis 1860 ein dem Bürgerspitalfonds gehörendes »Bürgerversorgungshaus« nach den Plänen des Wiener Architekten Ferdinand Fellner. Der Grund für diesen Neubau war, dass das alte Versorgungshaus

(Altersheim) für arme Bürger in St. Marx den Ansprüchen nicht mehr genügte.

Nach über 60 Jahren wurde das »Bürgerversorgungshaus« im Alsergrund abgetragen. Die Fläche wandelte man ab 1928 in einen Park um, der 1947 den Namen »Arne-Carlsson-Park« erhielt. Benannt ist diese Grünfläche nach einem Mitarbeiter des schwedischen Hilfswerkes in Österreich, der im Juni 1947 bei einem tragischen Unfall an der österreichisch-tschechoslowakischen Grenze ums Leben kam. Anzumerken ist, dass er Arne Karlsson hieß (mit K am Anfang) und dass er nicht – wie oft angegeben – *Leiter* des schwedischen Hilfswerkes in Österreich war.

Die Häufigkeit des entsprechenden Straßennamens »Lazarettgasse« zeigt uns, dass der Begriff »Lazarett« in Österreich weit verbreitet war. Wir finden eine Lazarettgasse unter anderem in Wiener Neustadt; dort ist die Gasse nach dem sogenannten Kleinen Lazarett benannt. Auch in Linz gab es eine Lazarettgasse, die nach dem ehemaligen, im 17. Jahrhundert errichteten Pestlazarett benannt war und 1869 in Lederergasse umbenannt wurde. Dadurch verschwanden ein weiterer Hinweis auf die lange, von der Pest geprägte Epoche in Europa und ein Hinweis auf die sprachhistorische Verbindung zwischen Österreich und Venedig.

»Weißes Gold« wohin man schaut

Was bei uns in Österreich seit alters her als »weißes Gold« bezeichnet wird, lagert tief in den Bergen, wird unter Tage abgebaut, zu großen Verarbeitungsbetrieben weitergeleitet und in alle Welt exportiert. Die Rede ist vom Salz, das jahrhundertelang als so wertvoll angesehen wurde, dass man es mit Gold gleichsetzte.

In der mächtigen Seerepublik Genua kannte man im Mittelalter ein anderes »weißes Gold«. Auch dieses wurde aus den Bergen gehauen und teilweise über das Mittelmeer exportiert. Es hat den genuesischen Kaufleuten über lange Zeit großen Reichtum

Einer der Steinbrüche bei Carrara

gebracht und steht bis zum heutigen Tag für exquisite Qualität: Marmor aus Carrara.

Im Nordwesten der Toskana ragen über der Küstenlandschaft Versilia steil die Berge der Apuanischen Alpen auf. Dieser Gebirgszug ist ein Teil des Apennins, der sich über die ganze italienische Halbinsel erstreckt. Er entstand vor rund 30 Millionen Jahren durch den Druck der afrikanischen auf die eurasische Kontinentalplatte, wobei Kalkablagerungen am Meeresboden bei hohen Temperaturen und unter großem Druck in Marmor umgewandelt wurden. Diesen Marmor begannen die Römer bereits im zweiten vorchristlichen Jahrhundert abzubauen. An der nahen Küste gründeten sie die Stadt Luna, in der die Marmorblöcke für den Transport grob behauen wurden. Vom Hafen Lunas wurde der Marmor auf Schiffen nach Rom transportiert und dort für den Bau von Prachtgebäuden und die Herstellung von Skulpturen verwendet. Als der Hafen im Laufe der Jahrhunderte zunehmend versandete, verlor die Stadt ihre wirtschaftliche Grundlage; sie wurde zwischen dem 11. und dem 13. Jahrhundert endgültig verlassen. Eine neue Siedlung entstand südlich von Luna: das heutige Carrara.

Nachdem die Steinbrüche von Carrara eine Zeit lang in Vergessenheit geraten waren, wurden sie ab dem 12. und zunehmend ab dem 13. Jahrhundert wieder verwendet. Möglicherweise war der Bau des Domes von Pisa dafür ausschlaggebend, dass der Marmorabbau bald wieder florierte: Sowohl der Dom als auch das Baptisterium und der Campanile – der berühmte »schiefe Turm« – wurden aus Carrara-Marmor erbaut.

Michelangelo Buonarroti kam höchstpersönlich in die Steinbrüche von Carrara, um sich die besten Blöcke für seine Werke auszusuchen, und auch die berühmten Bildhauer Donatello, Gian Lorenzo Bernini und sein Bruder Luigi sowie Antonio Canova verwendeten Carrara-Marmor für ihre Skulpturen.

Nachdem das Interesse an Marmor im 17. und 18. Jahrhundert zurückgegangen war, erfreut sich Marmor aus Carrara heute wieder relativ großer Beliebtheit und wird in zahlreiche Länder exportiert. Man kennt über 50 verschiedene Handelssorten des Carrara-Marmors, die je nach Beschaffenheit für verschiedene Zwecke verwendet werden. Der feinste und teuerste Marmor ist der weiße bis gelbliche, feinkörnige *Statuario*, der sich – wie der Name nahelegt – vorzüglich für die Bildhauerei eignet. Andere Sorten, die je nach Einschluss verschiedener Mineralien unterschiedliche Farbtönungen aufweisen können, werden als Baustoff, für Böden und Fensterrahmen, als dekorativer Marmorkies oder als Marmorstaub in der Industrie verwendet. Besonders gut eignet sich der Marmor auch für die Erzeugung von Konditortischen, da er eine optimale und kühle Arbeitsfläche bietet.

Obwohl es in Österreich ebenfalls einige namhafte Marmorsteinbrüche gibt, wurde und wird auch hier oft der berühmte Stein aus Carrara verwendet. Seit der Zeit des Klassizismus ab dem ausgehenden 18. Jahrhundert bis in die Gegenwart setzt man den feinen Marmor gerne für Skulpturen und Dekorationen sowie als Bauelement ein. Unsere Suche nach dem »weißen Gold«, die uns nun durch das ganze Land und durch drei Jahrhunderte führt, startet im Westen Österreichs.

Das *Landhaus* in Bregenz, Sitz des Vorarlberger Landtags und der Vorarlberger Landesregierung, wurde von 1977 bis 1981 nach Plänen des österreichischen Architekten Wilhelm Holzbauer errichtet. Der Neubau war notwendig, da die Büros der Landesregierung aus Platznot auf mehrere Gebäude aufgeteilt gewesen waren, was umständlich und kostspielig war. Aufgrund seiner Doppelfunktion besteht das Landhaus aus zwei Teilen: dem Amtsgebäude der Landesregierung und dem Landtagstrakt. Als es 1981 fertiggestellt war, sprach man in Bregenz vom »Palazzo Prozzo« – was sehr italienisch klingt, sich jedoch auf die Ausmaße des neuen Gebäudes und die angebliche Marmorfassade (in Wahrheit ein Naturstein) bezog. Italienisch ist jedenfalls ein Teil der Innenausstattung: Der Montfortsaal im Landtagstrakt ist mit Carrara-Marmor ausgeschmückt. Im Innenhof sehen wir die »Hommage an Angelika Kauffmann« des Bregenzer Künstlers Edelbert Köb. Die Plastik aus Carrara-Marmor und Bronzeguss ist von einem Selbstporträt der Malerin inspiriert. Angelika Kauffmann (1741–1807) wurde als Tochter des Vorarlberger Malers Joseph Johann Kauffmann in Chur (Schweiz) geboren und verbrachte einige Jahre ihrer Jugend im Bregenzerwald. 1782 zog sie nach Rom, wo ihr Haus zu einem Treffpunkt von Künstlern und Adeligen wurde.

Im südlichen Österreich stoßen wir auf dem Arthur-Lemisch-Platz in Klagenfurt auf ein Denkmal für Herzog Bernhard von Spanheim, der von 1202 bis 1256 Herzog von Kärnten war und als Gründer der Stadt gilt. Im Jahr 1246 verlegte er die damals im Überschwemmungsgebiet der Glan gelegene Siedlung Chlagenuurt, die immer wieder von Hochwasser bedroht war, in den Bereich des heutigen Alten Marktes. Damit legte er den Grundstein zum Aufstieg Klagenfurts, das bereits 1252 das Stadtrecht erhielt. 1932 wurde das erste Denkmal für den Herzog errichtet:

Der Spanheimer-
brunnen in
Klagenfurt

eine Bronzestatue in einer Brunnenschale aus Granit, die von vier Marmorlöwen getragen wird. Die Bronzestatue wurde 1940 für die Waffenproduktion eingeschmolzen. Nach dem Krieg gestaltete und fertigte Arnulf Pichler eine neue Statue, die man im Jahr 1954 auf den vorhandenen Brunnen setzte – auch sie ist aus dem kostbaren Marmor gefertigt.

Das Stift Admont im steirischen Ennstal ist vor allem für seine Bibliothek berühmt; unsere Spurensuche führt uns aber in die Stiftskirche, die nach dem großen Klosterbrand von 1865 neu aufgebaut und 1869 eingeweiht wurde. Sie gilt als einer der größten neugotischen Sakralbauten Österreichs. Der Hochaltar aus weißem Carrara-Marmor wird von einer Statue des Kirchenpatrons, des heiligen Blasius, gekrönt. Auf der Rückseite des Hochaltars ruhen in einem schlichten Gefäß die Gebeine von Erzbischof Gebhard von Salzburg, dem Gründer von Stift Admont.

Ebenfalls aus Carrara-Marmor ist der Altar der von 1897 bis 1901 errichteten monumentalen Pfarrkirche von Aigen im Mühlkreis. Dass diese Kirche sowohl von ihren Ausmaßen als auch von ihrer Ausstattung her beeindruckt, mag auf ihre Zugehörigkeit zum einflussreichen Prämonstratenserstift Schlägl zurückzuführen sein.

Von großen Ausmaßen ist auch eine Stiftskirche, die direkt vor den Toren Wiens liegt: jene von Klosterneuburg. Das Stift wurde im frühen 12. Jahrhundert vom späteren Landesheiligen Niederösterreichs – dem Babenberger Markgrafen Leopold III. – gegründet. Unter Kaiser Karl VI. begann man in den 1730er-Jahren, das Stift zu einer herrschaftlichen Klosterresidenz nach dem Vorbild des spanischen Escorial auszubauen. Nach dem Tod des Kaisers 1740 wurden jedoch die Bauarbeiten eingestellt, sodass heute nur ein Teil der ursprünglich geplanten Klosteranlage zu sehen ist. Die Stiftskirche selbst wurde im 12. Jahrhundert als dreischiffige Basilika errichtet, im 17. und frühen 18. Jahrhundert in mehreren Phasen barock umgebaut und im späten 19. Jahrhundert mit neoromanischen und neogotischen Elementen neu gestaltet. Im Chorraum stand viele Jahre lang ein provisorischer Volksaltar, der erst im Jahr 2007 durch einen modernen Altar des steirischen Bildhauers Hannes Fladerer ersetzt wurde. Der neue Volksaltar besteht aus einem massiven Block Marmor der Sorte »Bianco Carrara Gioia«. Durch Ritzungen hat der Künstler den Eindruck von zwölf Einzelblöcken entstehen lassen, wobei die Ritzungen das Wort »Amen« erkennen lassen. Der Ambo – das Lesepult – ist ebenfalls aus Carrara-Marmor gefertigt und hat die Form einer Schriftrolle. Das dazugehörige Medaillon zeigt ineinander verschlungen den ersten und den letzten Buchstaben des griechischen Alphabets: Alpha und Omega.

Die Büste von Kaiser
Franz II./I. im Schloss-
park Laxenburg

Im Schlosspark Laxenburg in Niederösterreich findet sich ein
»kaiserliches« Monument aus Carrara-Marmor: Auf einem freien
Platz hinter einer Brücke über einen der Flussarme der Schwechat
steht eine Büste auf einem Granitsockel, die Kaiser Franz (1768–
1835) zeigt. Die Stadt Mailand hatte auf Anregung von Maria Elisabeth von Savoyen-Carignan – der Ehefrau des Vizekönigs von
Lombardo-Venetien – die Marmorbüste vom italienischen Bildhauer Giovan Battista Comolli anfertigen lassen und diese schon
zu Lebzeiten des Kaisers dessen Ehefrau Karoline Augusta
geschenkt; aufgestellt wurde sie aber erst 1836.

Am Ende unserer Erkundungstour durch die Bundesländer lan-
den wir in Wien, wo wir mehrere Kunstwerke aus dem »weißen
Gold« finden. Als erstes springt uns die Kirche am Steinhof ins
Auge. Weithin sichtbar leuchtet die vergoldete Kuppel der Kirche

von der Baumgartner Höhe im 14. Wiener Gemeindebezirk. Da sich die Wiener angesichts der Kuppel an eine halbe Zitrone erinnert fühlten, wurde die Erhebung im Volksmund auch »Lemoniberg« genannt. Das Gebäude wurde von 1905 bis 1907 nach Plänen des Architekten Otto Wagner errichtet und gilt nicht nur als eines seiner Hauptwerke, sondern auch als einer der bedeutendsten Wiener Jugendstilbauten. Die Fassade der Kirche ist mit weißen Platten aus Carrara-Marmor verkleidet, die im Zuge einer umfassenden Renovierung zwischen 2000 und 2006 komplett ausgetauscht wurden.

Nicht nur in Kirchen kam Marmor aus Carrara zum Einsatz, sondern auch in öffentlichen Parkanlagen wie dem Wiener Stadtpark. Dieser ist bekannt für seine zahlreichen Künstlerdenkmäler. 1872 wurde als erstes Denkmal das Monument für den Komponisten Franz Schubert enthüllt. Die Figur und die Reliefs aus grauem Carrara-Marmor stammen von Carl Kundmann unter Verwendung einer Porträtvorlage von Moritz von Schwind; den Steinsockel entwarf der Architekt des Parlaments und der Wiener Börse, Theophil Hansen. Schuberts Zeitgenosse Ludwig van Beethoven soll zeit seines Lebens in Wien und Umgebung in rund 80 Häusern gewohnt und gearbeitet haben. Einige seiner Wohnadressen befanden sich im damaligen Wiener Vorort Heiligenstadt, der heute ein Teil des Bezirkes Döbling ist. Hier wurde 1910 im Heiligenstädterpark – damals Kuglerpark genannt – ein Beethoven-Denkmal aus Carrara-Marmor enthüllt. Das Monument gestalteten Robert Weigl (Statue) und Robert Oerley (Architektur).

Auch im Wiener Arsenal wurde Carrara-Marmor eingesetzt: In der Eingangshalle des Heeresgeschichtlichen Museums – der sogenannten Feldherrenhalle – sind 56 Ganzkörperstatuen berühmter Feldherren aus diesem Material aufgestellt. Die Reihe der großen Namen reicht chronologisch vom Babenberger Markgrafen Leopold I. (940–994) bis hin zu Karl Philipp Fürst zu Schwarzenberg (1771–1820). Um auf die runde Zahl von 60 Skulpturen zu kommen, sind im Halbstock des Stiegenhauses noch weitere vier Statuen aufgestellt. Bei ihnen handelt es sich um militärische Führer, die im Revolutionsjahr 1848 im Auftrag des Kaiserhauses die Aufstände in allen Teilen der Monarchie niederschlugen.

Das doppeldeutige Motto des Heeresgeschichtlichen Museums lautet »Kriege gehören ins Museum«. Eine ähnliche Botschaft vermittelt uns das »Mahnmal gegen Krieg und Faschismus« bei der Albertina im Zentrum Wiens. Die Skulpturengruppe wurde auf Initiative des damaligen Wiener Kulturstadtrates und späteren Wiener Bürgermeisters Helmut Zilk bei dem Wiener Künstler Alfred Hrdlicka in Auftrag gegeben, der sie zwischen 1983 und 1991 anfertigte. Er verwendete unter anderem zwei große Blöcke Carrara-Marmor, die auf je einem übermannshohen Granitsockel ruhen und zusammen das »Tor der Gewalt« bilden. Rechts stellte der Künstler den »Heldentod« dar: Opfer des Krieges, das Sterben auf den Schlachtfeldern sowie eine gebärende Frau, deren Kind als zukünftiges Kanonenfutter dienen soll. Links sieht man die »Hinterlandsfront«: die Ermordung einer Gruppe von KZ-Häftlingen durch einen NS-Arzt.

Sicherlich lassen sich in ganz Österreich noch viele weitere Denkmäler und architektonische Details aus dem »weißen Gold« finden. Doch wir wenden uns schon der nächsten italienischen Spur in Österreich zu …

Arsenal hier und dort

Aufgrund der neuen Hochhäuser rund um den Wiener Hauptbahnhof ist ein bedeutendes architektonisches Gelände unweit des Belvedere kaum mehr wahrzunehmen: das Arsenal, dessen bedeutender »Vater« in Venedig zu finden ist. Trotz des hohen Alters und der historischen Bedeutung des »Arsenale« in der Lagunenstadt stammt das Wort nicht – wie man vermuten würde – aus dem Italienischen, sondern aus dem Arabischen (dār aṣ-ṣināʿa:

Haus des Fleißes, Werkstatt, Arbeitsstätte). Es bezeichnet eine Militäreinrichtung, in der Waffen, Maschinen und Anlagen der Streitkräfte gelagert, gewartet und repariert werden. Bis zum 17. Jahrhundert bezog sich der Begriff auf Marinewerkstätten mit eigenen Dockanlagen, in Anlehnung an das venezianische Arsenal, welches das älteste und historisch bedeutendste der Welt ist. Es wurde bereits im 12. Jahrhundert im Stadtteil Castello angelegt, mehrfach erweitert und galt lange Zeit als größter vorindustrieller Produktionsbetrieb in Europa. Ohne diese Schiffswerft, die auch ein Waffendepot und die Flottenbasis Venedigs umfasste, wäre die Republik vermutlich nie zu einer europäischen Seemacht aufgestiegen. Heute befinden sich im 32 Hektar großen Arsenal die Führungsakademie der italienischen Marine und ein Marinemuseum. Während der Kunst- und Architekturbiennale werden Teile des Geländes auch für Ausstellungszwecke genutzt.

Ausgehend von Venedig entstanden auch in anderen Ländern ähnliche Einrichtungen. So wurde in der zweiten Hälfte des 19. Jahrhunderts am Rande von Wien ein großes Arsenal errichtet. Es sollte dort ein sicheres Depot angelegt und alles erzeugt werden, was für die k. k. Armee an Kriegswaffen erforderlich war. Auslöser für die Pläne war das Revolutionsjahr 1848, wie beispielsweise in der *Allgemeinen Bauzeitung* 1850 nachzulesen ist: »Seit vielen Jahren hat sich die Nothwendigkeit immer mehr erwiesen, die gegenwärtig in weit entfernt voneinander liegenden Stadttheilen Wien's und die in weiteren Entfernungen von Wien befindlichen Werk- und Lagerstätten für Militärwaffen in eine Anlage zusammenzustellen, um eine bessere Einheit im technischen und administrativen Betrieb der großen Geschütz- und Feuergewehr-Erzeugung zu erzielen. Die Ereignisse im Jahre 1848 haben aber vollends die Dringlichkeit dargethan die Waffen- und Materialvorräthe, welche die verschiedenen Artillerie-Werkstätten von Wien enthalten, gegen Beraubung sicher zu stellen, und dadurch reifte der Entschluß, so schnell als möglich ein gehörig angeordnetes Arsenal in Wien zu erbauen.«

Das namens-
gebende
Arsenal in
Venedig

Bei der Wahl des Areals nahe dem Belvedere wurde berücksich-
tigt, dass die Artilleriekaserne am Rennweg, das Munitionslager
im Simmeringer Neugebäude, der Artillerie-Exerzierplatz auf der
Simmeringer Haide und der Südbahnhof sowie der Bahnhof der
Raaberbahn in der Nähe lagen. Dementsprechend wurden Gleise
zu den beiden Bahnhöfen und später auch Verbindungsgleise zur
West- und Nordbahn gelegt. Bereits im Mai 1849 wurde mit der
Planierung des Bauplatzes und den Erdaushebungen für die Fun-
damente begonnen. Geplant war zunächst eine Anlage bestehend
aus vier Eckpavillons, vier mittig dazwischen liegenden Gebäuden
und acht Depots. Diese 16 Gebäude bildeten ein Rechteck, in
dessen Innenhof das Zeughaus (das Waffendepot) mit einem

Das Arsenal
in Wien

Museum, hinter diesem die Gewehrfabrik und in einer separaten
Gebäudegruppe die Kanonenwerkstätten lagen. Die außenliegen-
den Gebäude dienten als Kasernen, Wohnungen, Büros, Wach-
stuben und als Artillerie-Spital.

Die Projekte der in einem Wettbewerb ausgesuchten Architekten Eduard van der Nüll, August Sicard von Sicardsburg,
Ludwig Förster, Theophil Hansen und Carl Roesner wurden zu
einem einheitlichen Plan zusammengefasst. Da die Bauaufgabe
eine enorme war und der Bau rasch vollendet werden sollte, teilte
man die Architekten auf sechs Bauabschnitte auf. Sämtliche
Gebäude sollten, »einem ausdrücklichen Befehle zu Folge, frei

von aller Zier, lediglich durch ihre Massen und Gruppirungen und durch die Mannigfaltigkeit der natürlichen Farbe der Baumaterialien ein architektonisches Bild geben; nur das Zeughaus mit dem Museum und die Kirche dürfen eine reichere Ausstattung erhalten«, wie die *Allgemeine Bauzeitung* 1850 mitteilte. Innerhalb von sieben Jahren waren alle Gebäude außen fertiggestellt; die Arbeiten für die Innenausstattung wurden teils erst nach der Schlusssteinlegung (8. Mai 1856) ausgeführt. Von dieser Zeremonie, die in Anwesenheit von Kaiser Franz Joseph und Kaiserin Elisabeth stattfand, berichtete die *Wiener Zeitung* am Tag danach voll Überschwang: »Noch ist keiner der vielen einheimischen und fremden Besucher des Arsenals aus dessen Mauern geschieden, ohne seine aufrichtige Bewunderung über die Vollkommenheit eines technischen Militär-Etablissements ausgesprochen zu haben, welches zur Stunde seines Gleichen in Europa nicht hat.«

Nach der Fertigstellung enthielt das Arsenal nun unter anderem Depots, Kasernen, eine Gewehrreparaturfabrik, eine Geschützgießerei, ein Geschützbohrwerk, eine Patronenerzeugungsanstalt und eine Munitionsgießerei. Außerhalb des Geländes befanden sich eine Schießstätte, eine eigene Gasanstalt für die Beleuchtung der Innen- und Außenräume sowie eine Baumschule für die Bepflanzung der Grünflächen im Areal.

Architektonisch erinnern die in einem Viereck mit den Außenmaßen 680 mal 480 Meter errichteten Ziegelrohbauten, für welche in Summe etwa 120 Millionen Ziegelsteine verwendet wurden, an keinen speziellen Baustil. Dies gilt augenscheinlich nicht für das bekannteste Bauwerk des Wiener Arsenals: das Heeresgeschichtliche Museum. Der im Jahre der Schlusssteinlegung – noch ohne Ausschmückungen im Inneren – fertiggestellte Bau gilt als ältestes als solches geplante und ausgeführte Museumsgebäude Österreichs. Das von Förster und Hansen geplante, später nur von Hansen ausgeführte Gebäude mit einem erhöhten Mittelbau und Seitenflügeln erinnert im Stil an maurisch-byzantinische, venezianische und gotische Architektur. Beindruckend sind noch heute der Eingangsbereich (Vestibül) mit den bereits erwähnten 56 Ganzkörperstatuen berühmter Feldherren aus italienischem Carrara-Marmor und die Deckenfresken von Karl von Blaas in der im ersten Stock befindlichen Ruhmeshalle, die aus österreichischer Sicht siegreiche Schlachten und wichtige Episoden der Militärgeschichte zeigen.

Obwohl die innere Ausgestaltung erst 1872 vollendet war, nutzte man das Gebäude bereits ab 1869 für die kaiserliche Waffensammlung (Rüstungen und Waffen). Nach Ordnung und repräsentativer Aufstellung wurde diese Sammlung im Mai 1891 durch Kaiser Franz Joseph als »k. u. k. Heeresmuseum« zum öffentlichen Besuch freigegeben. Im selben Jahr beschloss man, eine eigene »Militär Aeronautische Anstalt« zu gründen; sie wurde am Rande des Arsenals eingerichtet und umfasste eine große Halle für Ballone, später auch eine Luftschiffswerft.

Während des Ersten Weltkrieges waren bis zu 20 000 Personen in der Rüstungsproduktion im Arsenal beschäftigt, wobei im Innenbereich des Geländes Dutzende Neubauten als zusätzliche Produktionsstandorte errichtet wurden. Ab 1940 erzeugte man Fliegerabwehrkanonen. Dies und die Nähe zum Südbahnhof führten ab September 1944 zu großen Schäden durch Bombenabwürfe. So konnte man das Heeresgeschichtliche Museum erst im Juni 1955 wieder eröffnen. Der Innenkern des Arsenals mit den Waffenfabriken wurde nach dem Krieg gänzlich abgetragen. Einige Teile der Gebäudegruppen funktionierte man zu Wohnungen um, in anderen Teilen quartierte man Versuchs- und Forschungseinrichtungen ein. Und somit weist heute – außer dem Heeresgeschichtlichen Museum mit seinem Motto »Kriege gehören ins Museum« – nichts mehr auf den militärischen Zweck dieses Areals mit »venezianischen Wurzeln« hin.

Eine toskanische Villa im Salzkammergut

Rund um die »Villa Toscana« sucht man vergeblich Weingärten, Olivenhaine und Zypressenalleen. Die Berge sind für die Toskana erstaunlich hoch und felsig, der See zu ihren Füßen ist dunkel und tief. Tatsächlich befinden wir uns in Gmunden im oberösterreichischen Salzkammergut – und die Halbinsel, auf welcher die Villa steht, ragt in den Traunsee hinaus. Doch wie kommt das Salzkammergut zu einer toskanischen Villa?

Zur Beantwortung dieser Frage begeben wir uns gedanklich in das 18. Jahrhundert: Franz Stephan von Lothringen (eigentlich Franz Anton Stephan) ist vor allem als Ehemann von Erzherzogin Maria Theresia bekannt, die 40 Jahre lang Herrscherin über die österreichischen Erblande war. Franz Stephan musste aus diplomatischen Gründen nach der Hochzeit auf sein Herzogtum Lothringen verzichten und erhielt als Entschädigung im Jahr 1737 das Großherzogtum Toskana zugesprochen: das Reich der einst mächtigen Familie Medici, deren regierende Hauptlinie mit dem Tod von Gian Gastone de' Medici im selben Jahr erloschen war.

Mitten im Winter reiste Franz Stephan – nun als *Francesco Secondo Granduca di Toscana* – mit seiner Ehefrau Maria Theresia nach Florenz, wo sie bis Ende April 1739 residierten. Nachdem die beiden nach Wien zurückgekehrt waren, sah Franz Stephan sein neues Territorium niemals wieder und ließ die Toskana von Statthaltern – wenn auch ohne große Effizienz – verwalten. 1745 wurde Franz Stephan zum römisch-deutschen Kaiser gekrönt. Nach seinem überraschenden Tod im August 1765 folgte ihm sein Sohn – der spätere Kaiser Leopold II. (1747–1792) – als toskanischer Großherzog nach. In der Toskana ist er noch heute unter dem Namen Pietro Leopoldo bekannt und geschätzt. Er setzte viele Reformen erfolgreich um, wobei er im Vergleich zu seinem älteren Bruder Kaiser Joseph II. oft behutsamer vorging. So galt die Toskana zur Zeit Pietro Leopoldos als ein Musterstaat der Aufklärung. Die positive Einschätzung seiner Regierungszeit durch die toskanische Bevölkerung ist – wie der Habsburg-Forscher Karl Vocelka zu Recht festhält – keine Selbstverständlichkeit, war doch die Familie Habsburg-Lothringen einer der Hauptgegner bei den Einigungsbestrebungen Italiens.

Im Gegensatz zu seinem Vater hielt sich Pietro Leopoldo lange in der Toskana auf, bis der überraschende Tod seines Bruders Kaiser Joseph II. im Jahr 1790 ihn nach Wien zurückführte, wo er als Erzherzog der österreichischen Erblande und als römisch-deutscher Kaiser residierte. Als seinen Nachfolger in der Toskana setzte er seinen Sohn Ferdinand III. ein, der als Stammvater der toskanischen Linie der Habsburger gilt. Ferdinands Regierungszeit war von Napoléons Herrschaft in Italien unterbrochen, weshalb der Großherzog erst Mitte 1814 in die Toskana zurückkehren konnte. 1824 folgte auf Ferdinand sein Sohn Leopold II. (1797–1870), welcher der liberalkonservativen Linie seines Vaters treu blieb und sich auch an den liberalen Reformen der Jahre 1847 und 1848 beteiligte. Als die österreichische Armee 1859 gegen die verbündeten Truppen Frankreichs und des Königreichs Sardinien-Piemont – unter dessen Federführung die Einheit Italiens vorangetrieben wurde – unterlag, war es allerdings auch mit der Herrschaft der Familie Habsburg-Lothringen in der Toskana vorbei. Leopold dankte zwar zugunsten seines Sohnes Ferdinand IV. ab, dieser wurde aber von der provisorischen Regierung des neuen Königreichs Italien abgesetzt. Er hat faktisch nie regiert.

Die habsburgisch-toskanische Familie musste bald darauf die Toskana verlassen und ins Exil gehen. Der ehemalige Großherzog Leopold II. verbrachte seine letzten Lebensjahre größtenteils auf seiner böhmischen Besitzung in Brandeis.

1866 weilte die Familie – Leopold II. war in zweiter Ehe mit Maria Antonia von Neapel-Sizilien verheiratet und hatte aus dieser Ehe sechs Kinder, die das Erwachsenenalter erreichten – erstmals zur Sommerfrische am Traunsee und stieg in Altmünster ab.

Die Villa
Toscana in
Gmunden

Im Jahr darauf erwarb man das Seeschloss Ort, welches auf eine
Wasserburg aus dem 11. Jahrhundert zurückgeht und damit zu den
ältesten Gebäuden im Salzkammergut zählt. Seine heutige Form
erhielt es im 17. Jahrhundert, als es nach einem Brand teils neu
errichtet wurde. Dazu wurden einige Grundstücke auf der Halbinsel Ort gekauft, die damals noch zur Gemeinde Altmünster
gehörte. 1868 war schließlich die gesamte Halbinsel im Besitz der
habsburgisch-toskanischen Familie. Nur zwei Jahre danach starb
der letzte regierende Großherzog der Toskana auf einer Pilgerreise
in Rom; seine Witwe verlegte im selben Jahr ihren Wohnsitz an
den Traunsee.

Bereits 1869 waren die Pläne für eine neue Villa auf der Halbinsel Ort fertig gewesen. Den Entwurf soll der jüngste Sohn der großherzoglichen Familie, Erzherzog Johann Nepomuk Salvator, persönlich gezeichnet haben, wobei er Hilfe in Anspruch nahm: Der vielseitig interessierte Erzherzog hatte in den 1860er-Jahren Unterricht bei dem damals noch eher unbekannten Architekten Ernst Ziller genommen, der später in Griechenland zu einem Star in der Architekturszene aufstieg. Der Bau der Villa Toscana wurde zwischen 1870 und 1877 ausgeführt. Ende 1876 ging das Seeschloss Ort in den Besitz Johann Nepomuk Salvators über. Im gleichen Jahr wurde die Außenfassade der Villa Toscana nach Entwürfen des Erzherzogs neu gestaltet. Dabei wurde das ursprüngliche Glasdach, das als Lichtquelle diente, entfernt und durch einen turmähnlichen Aufbau ersetzt. Nach dem Tod seiner Mutter Maria Antonia im Jahr 1898 kam die gesamte Halbinsel Ort – die zu diesem Zeitpunkt schon als »Halbinsel Toscana« bekannt war – in den Besitz von Johann Nepomuk Salvator.

Der 1852 im Palazzo Pitti (Florenz) geborene Erzherzog galt als »schwarzes Schaf« der Familie. Zunächst schlug er eine militärische Laufbahn ein, schied aber im Alter von 35 Jahren aus dem Armeedienst aus. Er verfasste kritische Schriften über das Bildungssystem und das Militär. Aufgrund seines liberalen Gedankengutes war seine Beziehung zu Kaiser Franz Joseph von zahlreichen Konflikten geprägt. Als er die bürgerliche Balletttänzerin Ludmilla »Milli« Stubel heiraten wollte, trat er aus dem Kaiserhaus aus, legte alle Titel zurück und verzichtete auf seine Rechte und seine jährliche Apanage. Er nannte sich fortan nach seinem oberösterreichischen Besitz »Johann Orth« (mit h). Die Nachricht, dass Kaiser Franz Joseph die Erlaubnis gab, sich fortan Johann Orth nennen zu dürfen, erreichte den Erzherzog im November 1889 in Hamburg. Sofort nach Eintreffen der kaiserlichen Erlaubnis ließ er sich Visitkarten mit seinem neuen bürgerlichen Namen anfertigen.

Erzherzog
Johann Nepomuk
Salvator, um 1875

Nachdem er das Kapitänspatent erworben hatte, wollte er im Jahr 1890 mit seinem Schiff *Saint Margaret* von Hamburg nach Südamerika reisen, wo er aber nie ankam. Vermutlich war das Schiff in einem Sturm vor Kap Hoorn gesunken. Viele Jahre galt Johann als verschollen, bis er 1911 offiziell für tot erklärt und sein Besitz daraufhin von den Erben versteigert wurde.

Heute gehört die Halbinsel Toscana mit ihren Gebäuden der öffentlichen Hand. Doch wer weiß, ob das so bleibt: Die in Norwegen lebenden Nachfahren eines 1945 Verstorbenen stellen Erbansprüche. Ihr Vorfahre hätte ihnen an seinem Sterbebett verraten, dass er der für tot erklärte Erzherzog Johann Nepomuk Salvator alias Johann Orth wäre, der den Sturm bei Kap Hoorn überlebt und in Norwegen unter dem Namen »Hugo Köhler« weitergelebt hat. Reichen unsere italienischen Spuren am Ende gar bis Norwegen?

Kunsthandlung Artaria & Comp.

Ab dem letzten Viertel des 18. Jahrhunderts bis in die ersten Jahrzehnte des 19. Jahrhunderts hinein war die Wiener Kunsthandlung
»Artaria & Comp.« *der* Anbieter von Kupferstichen schlechthin.
Vor allem die Ansichten von Carl Schütz, Johann Ziegler und Lau-
renz Janscha waren sehr beliebt; sie wurden unter anderem in dem
Werk »Sammlung von 36 Aussichten der Residenzstadt Wien von
ihren Vorstädten und einigen umliegenden Oertern« (1785) herausgegeben und haben – bis in unsere Zeit – das Bild vom alten
Wien in unseren Köpfen beeinflusst.

Die Spur der Kunsthandelsfamilie Artaria führt zunächst nach
Griechenland – zumindest lässt der Nachname dies vermuten. Im
15. Jahrhundert siedelten sich Auswanderer aus der griechischen
Stadt Arta (Region Epirus) am italienischen Comer See an. Auf
diese Migranten geht wahrscheinlich der Nachname Artaria
zurück. In Blevio am südwestlichen Ende des Comer Sees befand
sich lange der Stamm- und Familiensitz der Artaria. Mit Cesare
Artaria taucht Mitte des 17. Jahrhunderts der erste Vertreter dieses
Namens im deutschsprachigen Raum auf. Er handelte als reisen-
der Kunsthändler vor allem mit Heiligenbildern und soll bis nach
Wien gekommen sein. Er ist somit Vorgänger jener Familienmitglieder, die Mitte des 18. Jahrhunderts aus Italien auswanderten
und unter verschiedenen und wechselnden Firmennamen Kunst-
handlungen in Mainz, Mannheim und Wien gründeten. Die Wiener Firmen wurden durch vier Generationen hindurch meist von
Familienmitgliedern und Verwandten geleitet.

Im November 1768 wird im *Wienerischen Diarium* (der späteren *Wiener Zeitung*) in einem Inserat vermerkt: »Es wird hiemit
allen Kennern und Liebhabern zu wissen gemacht, daß Artaria &
Compag. Kaufleute aus Meyland [Mailand] hier angekommen,
welche ein sehr grosses und ansehenswürdiges Sortiment der
schönsten Französischen und Englischen Kupferstiche von den
berühmtesten sowohl Modern als Antiquenmeistern mit sich

Das Geschäftslokal Artaria am Kohlmarkt 9. Aus: *Kronen-Zeitung*, 2. November 1931

gebracht. Die im tiefen Graben bey dem goldenen Hut im ersten Stock um einen billigen Preis zu haben sind.« Diese Kaufleute bildeten nun eine Konkurrenz zu jenen »Bildkrämern«, die nur auf Märkten Kupferstiche, Bilder, Kalender und Gebetbücher verkaufen durften.

Anfang 1770 suchte der Urenkel von Cesare Artaria, der in Blevio geborene Carlo Artaria (1747–1808), um ein Privileg an – heute würde man von einer Gewerbeberechtigung sprechen. Er erhielt im Februar des Jahres die Genehmigung, inner- wie außerhalb der Marktzeiten in eigenen Verkaufsräumen mit Stichen zu handeln. Im Juli 1770 ließ er (mit seinem Cousin Francesco als Gesellschafter der Firma) in einem Inserat wissen, dass er »ein beträchtliches Assortiment von neuesten und allerfeinsten französischen und englischen Kupferstichen [...] bekommen hat« und diese in einem Gewölbe des Tatenriederischen Hauses in der Dorotheergasse verkaufe. Schon im Oktober 1770 wechselte er in das Zornische Haus auf der Tuchlauben, wo die Firma bis Ende 1774 ihren Sitz hatte. Anfang 1775 folgte die Übersiedelung in ein Gewölbe des Hauses Kohlmarkt 18, das die Bezeichnung »Zum König von Dänemark« führte. 14 Jahre später (1789) wechselte *Artaria & Comp.* in das Haus Kohlmarkt 9, wo sich mehr als 200 Jahre lang der Firmensitz befand. Berühmtheit erlangte die Adresse, als die Familie Artaria an dieser Stelle in den Jahren 1900/1901 ein neues Wohn- und Geschäftshaus im Jugendstil errichten ließ. Der Architekt Max Fabiani (1865–1962), dem wir auch das Gebäude der Urania am Wiener Donaukanal verdanken, lieferte den auffallenden Entwurf. Er arbeitete dabei mit dem in Brazzano (Cormòns, Friaul) geborenen Bildhauer Alfonso Canciani (1863–1955) zusammen, welcher die Bildhauerarbeiten an der Fassade ausführte: Zwei kolossale

Vom Bildhauer Alfonso Canciani angefertigte Halbfigur an der Fassade des Artaria-Hauses

Halbfiguren, eine weibliche und eine männliche, die als Natur (oder Landwirtschaft) und Kunst (oder Industrie) zu deuten sind, zieren noch heute die Fassade. Im ersten Stock wurde die Kunsthandlung mit ihrem eleganten Kunstkabinett eingerichtet, das bis 2013 bestand.

Neben dem Verlegen von Kupferstichen betrieb Artaria ab 1776 auch eine Musikalienhandlung und stieg zwei Jahre später in das Herausgeben von gedruckten Notenwerken ein. Das Unternehmen brachte in der Folge Notenwerke unter anderem von Joseph Haydn, Wolfgang Amadé Mozart und Ludwig van Beethoven heraus.

Die kartografische Abteilung war das dritte Standbein, das jedoch 1920 an die 1879 gegründete *kartographisch-lithographische Anstalt G. Freytag* (ab 1885 *G. Freytag & Berndt*) übergeben wurde. Diese Firma betrieb im Erdgeschoß des Hauses Kohlmarkt 9 bis ins Jahr 2014 eine Buchhandlung, die heute – um die Ecke – in der Wallnerstraße ansässig ist.

Im Jahr 1932 stellte die Firma *Artaria* ihre Verlagstätigkeit ein, blieb aber weiterhin im Kunsthandel tätig. Zwei Jahre später verkauften die betagten Brüder Dominik und Franz Artaria das Unternehmen an Gilbert Schiviz, der den Firmennamen Artaria beibehielt.

Wer heute noch Spuren der Familie Artaria in Wien finden will, muss zur Familiengruft auf den Hütteldorfer Friedhof oder in die *Artariastraße* in Neuwaldegg gehen; diese wurde 1894 so benannt, da die Familie in der Nähe ein Wohnhaus besaß – davor hatte die jetzige *Glatzgasse* in Döbling *Artariagasse* geheißen.

Norditalienische Spuren in der Burg Kreuzenstein

Wer würde vermuten, dass im südlichen Weinviertel am Rande des Korneuburger Beckens und somit in Sichtweite der Großstadt Wien zahlreiche Architekturteile aus Venedig, Padua oder Mailand verbaut wurden? Anlass dafür war eine mittelalterliche Burg, die in der zweiten Hälfte des 19. Jahrhunderts aus einer Ruine wieder aufgebaut wurde: Kreuzenstein. Die *Linzer Tagespost* schrieb am 3. Juni 1906: »Wo ist das und was gibt es dort zu sehen? Die Frage wird wohl ein paar tausendmal gestellt worden sein. Denn dem Oesterreicher begegnet es zuweilen, daß er vieles von dem Schönsten, das in unserem Vaterlande zu sehen und zu finden ist, nicht weiß oder daß er es nicht nach Gebühr schätzt. In zwei Stunden kann man von Wien aus Kreuzenstein erreichen. Aber bis auf den engen Kreis von Leuten, die ein besonderes kunsthistorisches Interesse und die Liebe zu den kunstreichen Denkmälern der Heimat bewegt, wird es nicht allzu viele Wiener geben, die schon den Weg nach Kreuzenstein gefunden haben. Und doch haben es die meisten wohl schon von weitem gesehen.« Mehr als 100 Jahre später ist der Bekanntheitsgrad dieser Burg unweit der sogenannten Wiener Pforte an der Donau deutlich höher.

Wer die wenigen Fotografien aus Leobendorf und Umgebung aus den 1860er-Jahren betrachtet, wird erstaunt sein: Einige Mauerruinen bildeten damals den Rest der einst großen mittelalterlichen Burg, die 1645 im Zuge des Dreißigjährigen Krieges durch die abrückenden Schweden fast komplett zerstört wurde. Ihr jetziges Aussehen verdanken wir einem vielseitigen Mann: dem Kohlegrubenbesitzer Johann (Hans) Nepomuk Graf Wilczek (1837–1922), der heute vor allem als Förderer der österreichischen Polarforschung (Nordpolexpedition 1872–1874 mit Julius von Payer und Carl Weyprecht) und als Kunstmäzen sowie als Wohltäter bekannt ist.

Wilczek war weder ausgebildeter Architekt noch Historiker, sondern ein leidenschaftlicher Dilettant. Die Reste der mittelalterlichen Burg waren seit 1698 im Besitz der Familie Wilczek und hatten lange als »Steinbruch« für neue Gebäude gedient. Erst das Aufkommen des sogenannten Historismus – der Rückgriff auf die Baustile der Romanik, Gotik und Renaissance – in der zweiten Hälfte des 19. Jahrhunderts führte zu einem neuen Kapitel in der Geschichte der Burg Kreuzenstein: Dabei stand nicht der Versuch

Die Burg Kreuzenstein am Rand des Korneuburger Beckens

im Vordergrund, eine mittelalterliche Burg perfekt wiederaufzu-
bauen. Nein, es entstand eine neumittelalterliche Phantasieburg als
damals modernes Produkt des Historismus. Man wollte eine mittelalterliche Burg wiedererstehen lassen, koste es, was es wolle. Ob
man aus heutiger Sicht historisch-wissenschaftlich korrekt vorging
oder nicht, spielte in dieser Zeit kaum eine Rolle. Das Gebäude
musste für die Menschen nur authentisch wirken. Und so besteht
die künstliche Burg Kreuzenstein auch aus zahlreichen originalen,
mittelalterlichen Bestandteilen, die Graf Wilczek in ganz Europa
zusammenkaufte. Das Fallgitter stammt beispielsweise von der
Burg Strechau in der Obersteiermark, jener Burg, die durch mehrere Treffen von Erzherzog Johann mit der Postmeisterstochter
Anna Plochl bekannt geworden ist. Die Torflügel eines rundbogi-
gen Eingangs im Zwinger stammten aus dem kaiserlichen Zeughaus in Innsbruck, ein Spitzbogenportal aus einer geschleiften Welser Kirche gelangte ebenfalls auf den Burghügel nahe Leobendorf.
Auch Architekturteile und Ornamente aus dem italienischen Raum
wurden in der Burg verbaut. Beispielsweise stammen die Kapitelle

des Söllers, eines offenen Austrittes, aus Venedig. Auch das Wappen des Heiligen Römischen Reiches aus der Zeit von Kaiser Maximilian I. über dem großen Tor kam aus der Lagunenstadt nach Niederösterreich. Der überdachte Brunnen im Burghof, der sich an der Stelle der ursprünglichen Wasserstelle befindet, besteht aus den Resten eines mittelalterlichen Ziehbrunnens aus dem am Brenta-Kanal gelegenen Stra (Venetien). Teile der Arkaden im Burghof wurden aus Padua und Mailand herangekarrt. Die Liste mit Bauteilen, welche in anderen Gegenden der Monarchie und benachbarten Ländern gekauft und dann in der Burg verbaut wurden, ließe sich leicht verlängern. Jedenfalls war alles auf das Ziel des Erbauers ausgerichtet: die Burg – als ideales Modell einer mittelalterlichen Burg, als Familienmausoleum und als Privatmuseum – wiedererstehen zu lassen. Innen sollte der Eindruck eines echten mittelalterlichen Wohngebäudes vermittelt werden.

Die Ursprünge der Burg Kreuzenstein selbst gehen auf das 12. Jahrhundert zurück. Für einige Zeit war sie im Besitz der Habs-

Die Kapitelle des Söllers (offener Austritt) der Burg Kreuzenstein stammen aus Venedig.

burger als Landesfürsten. Als Ruine kam sie 1698 in das Eigentum der Familie Wilczek, die im Laufe der Zeit als Besitzer von Steinkohlegruben zu Reichtum gelangt war. Der Mitbegründer der Wiener Freiwilligen Rettungsgesellschaft (der heutigen Wiener Rettung) Hans Wilczek begann im Jahre 1874 mit dem Bau der Schauburg. Es sollte über 30 Jahre dauern, bis die romanisch-gotische Musterburg fertig war, wobei die Mitglieder der Bauhütte, die Wilczek eigens für den Bau zusammenstellte, vorwiegend aus dem Friaul und dem Veneto stammten. Am 7. Juni 1906, einige Wochen nach Beendigung der letzten Bauarbeiten, war der deutsche Kaiser Wilhelm II. im Zuge seiner Wien-Reise Gast auf der Burg. Wilczek kannte den Monarchen schon seit Langem und beriet ihn bei der »Rekonstruktion« von preußischen Schlössern. Das *Wiener Salonblatt* berichtete über diesen Besuch: »Donnerstag um 10 Uhr 21 Minuten vormittags fuhr der Deutsche Kaiser in einem Hofsonderzuge von der Station Hietzing der Wiener Stadtbahn aus zum Besuche Sr. Exz. des Grafen Hans von Wilczek in dessen herrlich restaurierte und an Kunstschätzen reiche Burg Kreuzenstein. [...] Nach kurzem Cercle begann Se. Majestät, geführt vom Hausherrn, den Rundgang durch das ausgedehnte Gebäude. In der Kapelle spielte Gräfin von Wilczek-Kinsky die Orgel.« Das humoristische Blatt *Die Bombe* druckte dazu einige Wochen später ein politisches Gstanzl ab: »Von Kreuzenstein meldens an Unikum: Seit in Willi sein' B'suach geht die Ahnfrau durt um.«

Unter der Kapelle der Burg Kreuzenstein ließ der Graf bereits zu Lebzeiten eine Familiengruft errichten, in der auch er selbst begraben liegt. Die Burg ist – wie schon zu Hans Wilczeks Zeiten – ein beliebtes Ausflugsziel im Wiener Umland und als Museum zu besichtigen. Gleichzeitig diente und dient die »ideale Burg« auch als Drehort für Filme. Bereits der Theatermann Max Reinhardt nutzte sie 1913 als Kulisse. Zuletzt war sie 2011 im Kinofilm *Der letzte Tempelritter* mit Nicolas Cage zu sehen. Ob er wohl wusste, dass die Kulisse teilweise aus Norditalien stammt?

Italienische Messen in Wien

Den Minoritenplatz mit seiner prägenden Kirche kennen die meisten Wienerinnen und Wiener. Man kann davon ausgehen, dass das Aussehen der heutigen Hallenkirche den Arbeiten im 14. Jahrhundert zu verdanken ist, obwohl die Kirche und ihr Umfeld im Laufe der Jahrhunderte teils stark verändert wurden. Kaum bekannt ist hingegen, dass diese Kirche seit 1784 die Nationalkirche der Italiener in Wien ist. Es wird daher niemanden verwundern, wenn sich in ihr zahlreiche italienische Spuren finden. Doch der Reihe nach:

Im 13. Jahrhundert berief der Babenbergerherzog Leopold VI. die Ordensbrüder der Minoriten nach Wien, die relativ rasch eine eigene Kirche und danach ein eigenes Kloster errichteten, das 1234 erstmals urkundlich erwähnt wird. Der Wiener Minoritenkonvent war das Mutterkloster der gesamten franziskanischen Provinz in Österreich. Heute ist die *Congregazione Italiana* Eigentümerin der Kirche. Diese Vereinigung hat ihre Ursprünge im 17. Jahrhundert. Sie ist ein direkter Hinweis auf die große italienische Präsenz in Wien, die auch durch einen regen Handel zwischen Italien und Wien bedingt war.

Die Congregazione Italiana ist eine Laienbruderschaft, die unter anderem den Zweck hatte, den Protestantismus zu verdrängen und zur Verbreitung römisch-katholischer Glaubenspraxis sowie zur Verbesserung moralischer Sitten beizutragen. Gegründet wurde sie 1625/1626 im Umfeld der von den Jesuiten eingerichteten *Marianischen Kongregation* in Wien und blieb bis zur Auflösung des Jesuitenordens (1773) unter dessen Führung. Heute ist die Congregazione Italiana – obwohl einer breiten Öffentlichkeit kaum bekannt – eine der ältesten noch bestehenden Vereinigungen der Stadt.

Der erste Präfekt (Vorsitzende) der Kongregation war der Hofarchitekt Giovanni Battista Carlone, der – seit 1640 Bürger der Stadt Wien – zum großen Familienkreis der Baumeister, Archi-

Die Minoriten-
kirche auf dem
Wiener Minori-
tenplatz

tekten, Maurer, Stuckateure und Maler namens Carlone gehörte.
Nach Auflösung des Jesuitenordens war die Congregazione Italiana gezwungen, sich neu aufzustellen und eine neue Unterkunft
zu finden. Nun diente die kleine, heute nicht mehr bestehende
Katharinenkapelle am Ballhausplatz als Nationalkirche der Italiener. Die Festmesse am Tag der Weihe, dem 1. Februar 1775, dirigierte kein Geringerer als Antonio Salieri (1750–1825), der ab 1774
als Kapellmeister der italienischen Oper in Wien arbeitete. Er war
es auch, der im Jänner 1781 in der Kirche ein feierliches, von ihm
komponiertes Requiem zu Ehren der verstorbenen Monarchin
Maria Theresia dirigierte.

Doch nach nicht einmal zehn Jahren musste die Congregazione Italiana die Katharinenkapelle schon wieder verlassen. Was war geschehen? Kaiser Joseph II. verlegte 1784 den Orden der Minoriten von ihrem angestammten Sitz in die Klosteranlage des zwischenzeitlich von ihm aufgehobenen Ordens der Trinitarier in der Wiener Vorstadt Alsergrund. Aufgrund des Umzugs war die unweit der Katharinenkapelle gelegene ehemalige Minoritenkirche nicht mehr benutzt. Da aus Sicht des Kaisers die Kapelle für die 7000 italienischsprachigen Gläubigen in Wien ohnehin zu klein war, übertrug er der Kongregation die ehemalige und groß dimensionierte Minoritenkirche. Im Gegenzug musste die Congregazione Italiana die seit 1774 genutzte Katharinenkapelle an den Staat abtreten. Diese neue Regelung bedeutete, dass die Minoritenkirche adaptiert werden musste; für die Umgestaltung und Renovierung wurde der Hofarchitekt Johann Ferdinand Hetzendorf von Hohenberg engagiert. Am Ostersonntag 1786 konnte man die Kirche unter dem Namen »Maria Schnee« neu einweihen und der Nutzung übergeben.

Aufsehen erregte 1847 die Montage eines riesigen Kunstwerkes in der Kirche: Zwei Jahre zuvor hatte Kaiser Ferdinand (»der Gütige«) der Congregazione Italiana ein aus zwölf Platten bestehendes Mosaik mit der Kopie des *Letzten Abendmahls Jesu Christi* von Leonardo da Vinci geschenkt, welches fast vier Jahrzehnte zuvor von Napoléon Bonaparte beim Künstler Giacomo Raffaelli beauftragt worden war. Die neogotische Umrahmung des neun Meter langen und 20 Tonnen schweren Kunstwerkes ist übrigens aus italienischem Carrara-Marmor gearbeitet. Einige Jahre später wurde dem italienischen Künstler Pietro Metastasio (1698–1782) posthum eine Ehre zu teil: Im November 1855 stellte man im Inneren der Minoritenkirche ein Grabmonument für den in Rom geborenen, am Wiener Hof arbeitenden und in der Michaelerkirche beigesetzten Dichter auf. Die Finanzierung des durch einen italienischen Bildhauer geschaffenen Monuments übernahm ein wohlhabender Italiener. Übrigens war

Grabmonument für Pietro Metastasio in der Minoritenkirche

Metastasio – wie auch Salieri – Mitglied der Congregazione Italiana.

Über eine lange Zeitspanne hatte die Minoritenkirche mit dem Orden der Minoriten nichts zu tun; erst 1953 kam es zu einer neuen Beziehung: Mit dem aus Padua entsandten Pater Giuliani wurde – erstmals nach der zwangsweisen Delogierung der Minoriten durch Kaiser Joseph II. (1784) – wieder ein Minorit Rektor der Minoritenkirche. Seither regelt ein Übereinkommen die Beziehungen zwischen der Italienischen Kongregation und dem Orden hinsichtlich der Bestellung von Rektoren und deren Rechte. Jahrzehnte später kam es zu einer weiteren historischen Neuerung:

Mit Daniela Panella Jirout erhielt im Jahre 2009 die Congregazione Italiana zum ersten Mal in der Geschichte eine Frau als Präfekt.

Abschließend noch ein Tipp: Wenn Sie in Wien eine Messe in italienischer Sprache besuchen wollen, dann haben Sie jeden Samstagabend sowie an Sonn- und Feiertagen vormittags die Möglichkeit dazu – in der Minoritenkirche.

Servus, Ciao und Baba

Wenn sich Liebhaber der deutschen Sprache über Anglizismen *echauffieren,* sollten sie bedenken, dass sich nicht nur Lehnwörter aus dem Englischen in unsere Sprache eingeschlichen haben. Ebenso wenig ist die Verwendung von Wörtern aus anderen Sprachen ein Merkmal des Zeitalters der Globalisierung und der modernen Medien. Wir müssen nur ein paar Jahrhunderte zurückblicken, um zu bemerken, dass bereits damals mit den Einwanderern aus den verschiedenen Teilen der Habsburgermonarchie viele ihrer Wörter in den deutschen Sprachschatz »eingewandert« sind. Vom 17. bis ins 19. Jahrhundert war die Zuwanderung aus den italienischsprachigen Regionen des Reiches so groß, dass neben der deutschen und französischen auch die italienische Sprache am Wiener Hof weit verbreitet war. Immerhin lebten Ende des 18. Jahrhunderts rund 7000 Menschen mit italienischer Muttersprache in Wien, Ende des 19. Jahrhunderts waren es über 30 000. Dementsprechend hielten viele italienische Wörter Einzug vor allem in die Wiener Mundart, einige davon verbreiteten sich in verschiedenen Variationen in ganz Österreich. Begeben wir uns deshalb auf einen Streifzug durch die vom Italienischen inspirierte österreichische Sprache.

Eine Eigenheit mancher Österreicher ist es, sich gleich mit mehreren Grußworten zu begrüßen oder zu verabschieden. »Servus, Ciao, Baba« heißt es oft beim Abschied. Wer denkt da schon, dass in diesem Gruß gleich zwei Wörter aus dem Süden stecken? Bei »Servus« handelt es sich um das lateinische Wort für Knecht oder Sklave. Wir möchten mit diesem Gruß zum Ausdruck bringen, dass wir unseres Gegenübers »ergebenster Diener« sind. Interessanterweise sagen wir mit »Ciao« exakt das Gleiche: Das Wort kommt von *schiavo*, der italienischen Übersetzung von »servus«. In der venezianischen Mundart ausgesprochen, klingt es wie »tschau«. Dieser »typisch italienische« Gruß ist erstmals in den 1820er-Jahren in Italien belegt und findet sich in den 1830er-Jahren in einem Mailänder Wörterbuch. Davor scheint das Wort in Italien nicht üblich gewesen zu sein. Vermutlich hat es seinen Ursprung im Gruß »Servus«, der am Wiener Hof und im Adel gebräuchlich war, vom Bürgertum nachgeahmt und in den italienischen Regionen des Habsburgerreiches schließlich in *schiavo* übersetzt wurde. Nach Österreich kam das auf diese Art neu entstandene Grußwort wahrscheinlich mit Soldaten des Feldmarschalls Johann Joseph Wenzel Radetzky (1766–1858), der im hohen Alter Generalkommandant der österreichischen Armee in Venetien und der Lombardei war. Mittlerweile grüßt – einer Umfrage aus dem Jahr 2003 zufolge – mehr als ein Viertel der Österreicher mit *Ciao*. Ob das tatsächlich immer noch auf die Soldaten Radetzkys zurückzuführen ist oder auf Erinnerungen an den letzten Italienurlaub, sei dahingestellt. Beim letzten der drei Grußworte – »Baba« – können wir jedenfalls keine Verbindung zu Italien finden: Es soll ein Überbleibsel an die in der Biedermeierzeit beliebte Abschiedsformel »… und schöne Grüße an den Herrn Papa!« sein. Mit der verführerischen süditalienischen Süßigkeit, dem rumgetränkten *babà*, hat es wohl nichts zu tun.

Wir sagen »Ciao«, winken den gerade Verabschiedeten traurig mit einem *Fazinettl* oder *Fazonettli* (Taschentuch, vom italienischen *fazzoletto* abgeleitet, in Vorarlberg meist »Fazoneotli«, »Fazenetlein« oder »Fazanettle« genannt) nach und wenden uns den *Ballesterern* (Fußballern) zu – deren Leistungen uns ab und zu auch nach dem *Fazinettl* greifen lassen. Eigentlich sollten sie *Bales-*

Mehrere »fazzoletti« (Taschentücher)

terer heißen, denn das Wort könnte sich vom italienischen *balestra* (Armbrust) ableiten. Waffen mit ähnlichen Namen kannte man offenbar bereits bei antiken Völkern wie den Assyrern, Ägyptern und Griechen. Das griechische Wort βάλλω (*ballo*) bedeutet »schießen«. Die »Ballstöcke« oder Schläger aus Holz, die bei alten Ballspielen zum Einsatz kamen, nannte man *Balester*. Als Anfang des 20. Jahrhunderts das Fußballspiel populär wurde, verwendete man die gleiche Bezeichnung für die Spieler. Und da es um ein *Ball*spiel ging, hat sich wohl das zweite »l« in das Wort eingeschlichen.

Vom Fußballplatz begeben wir uns in ein Wiener Wohnhaus, wo wir unserer redseligen Nachbarin begegnen: »Kennen Sie den Herrn aus dem *Mezzanin* [*mezzano* = der Mittlere; Zwischenge-schoß zwischen Parterre und erstem Stock], der öfters mit seinen *Tschinellen* spielt [*cinelli* = kleine Becken, Schlaginstrument aus zwei tellerförmigen Messingscheiben]? Das ist ganz schön laut, genauso wie die Ohrfeige, die ich dem Störenfried gleich androhen werde [auf gut Wienerisch: »*Wüst a Tschinön?*«]. Selbst schuld, warum *sekkiert* [*seccare* = austrocknen; umgangssprachlich auch ärgern, stören, belästigen] er uns auch mit seiner Musik? Jetzt fehlt nur noch, dass wir seinen *Bamperletsch* [*bambola* = Puppe; *bamboleccio* = kleines Kind, Verkleinerung von *bambino*] im Stiegenhaus beim *Strawanzen* [wahrscheinlich von *stravagare* = umherstreifen, herumtreiben] erwischen. Wir wissen ja, dass der Kleine gerne *Spompanadln* [veraltet *spampanata* = Aufschneiderei] macht. Kein Wunder, wenn sich sein Vater weniger um ihn kümmert als um sein *Gspusi* [*sposa* = Braut, Verlobte]. Sie wissen schon, das ist die Dame, die immer ihre *Tschick* [*cicca* = Zigarettenstummel] auf dem Gang fallen lässt. Aber kochen kann sie gut: Letzte Woche hat sie mich auf eine *Frittatensuppe* [*frittata* = Omelette] und auf *Risipisi* [*risi e bisi,* umgangssprachlich für *riso con*

Frittatensuppe mit italienischer Sprachvergangenheit

piselli = Reis mit Erbsen] eingeladen.« Kommen Ihnen diese Ausdrücke bekannt vor?

Sicher finden Sie noch mehr Beispiele, wenn Sie beim nächsten Gespräch an der Bassena [italienisch *bacino*, französisch *bassin* = Wasserbecken, Wasserentnahmestelle am Gang in alten Mietshäusern] aufmerksam zuhören.

Wir wünschen Ihnen viel Spaß beim Entdecken von weiteren italienischen Sprach- und sonstigen Spuren und verabschieden uns mit einem herzlichen »Ciao«.

Literatur

Ahorner, Peter: Wiener Wörterbuch. Wien 2018.

Allgäuer, Hubert: Vorarlberger Mundartwörterbuch, Band A–J. Graz 2008.

Ammerer, Gerhard: Das Tomaselli und die Salzburger Kaffeehaustradition seit 1700. Wien 2006.

Antonicek, Theophil; Hilscher, Elisabeth: Vivaldi. Graz 1997.

Ardito, Fabrizio: 111 Orte in Umbrien, die man gesehen haben muss. Köln 2017.

Aurenhammer, Hans: Martino Altomonte. Wien 1965.

Ausstellungs-Direction (Hrsg.): Führer durch die Ausstellung »Venedig in Wien«. Mai – October 1895. Wien 1895.

Bartels, Horst: Gehölzkunde. Einführung in die Dendrologie. Stuttgart 1993.

Benediktinerstift Admont (Hrsg.): Universum im Kloster. Ein Führer durch das Stift, seine Bibliothek und seine Museen. Weitra 2010.

Bertoni, Wander: Wander Bertoni. Aufträge 1945–1995. Wien 1995.

Böhm, Viktor: Bildlexikon lateinischer Inschriften in Wien. Teil 2: 2.–23. Bezirk. Verein »Freunde der Serviten Rossau« (Hrsg.). Wien 2010.

Borioni, Giacomo Christopher: Die Wiener Minoritenkirche und die Italienische Kongregation – Eckpunkte einer gemeinsamen Geschichte. Diplomarbeit Universität Wien. Wien 2016.

Brandstaller, Trautl; Sternthal, Barbara (Hrsg.): Hrdlicka. Eine Hommage. St. Pölten 2008.

Braunbehrens, Volkmar; Jürgens, Karl-Heinz: Mozart. Lebensbilder. Bergisch Gladbach 2005.

Burghart, Wolfgang; Hertenberger, Gerhard: Österreichs gefährdetes Kulturerbe. Vom Umgang mit dem Denkmalschutz – 70 Fallbeispiele. Wien 2018.

Casapicola, Christine: Nächstes Jahr im Küstenland. Cormons 2014.

Dahm, Friedrich (Hrsg.): Die Römische Ruine im Schlosspark von Schönbrunn. Forschungen – Instandsetzung – Restaurierung. Schloss Schönbrunn Kultur- und Betriebsges. m. b. H. Wien 2003.

Deihsen, Christian F.: Alois Negrelli Ritter von Moldelbe und der österreichische Anteil an der Entstehung des Suezkanals. Diplomarbeit Universität Wien. Wien 1991.

Deihsen, Christian F.: Alois Negrelli Ritter von Moldelbe – ein österreichischer Eisenbahnpionier des 19. Jahrhunderts. Dissertation Universität Wien. Wien 1993.

Dillinger, Andrea: Furlanische Arbeitsmigration nach Salzburg von der Gründerzeit bis zum Ausbruch des Ersten Weltkrieges. Diplomarbeit Universität Salzburg. Salzburg 2016.

Dinhobl, Günter: Die Semmeringerbahn. Der Bau der ersten Hochgebirgseisenbahn der Welt. Wien 2003.

Ebhart, Abt Ambros (Hrsg.): Stift Kremsmünster. Klösterliches Leben seit 777. Wien 2017.

Egg, Erich: Das Grabmal Kaiser Maximilians I. Hofkirche in Innsbruck. Ried im Innkreis 1988.

Ehmer, Josef; Ille, Karl: Italienische Anteile am multikulturellen Wien. Innsbruck 2009.

Englinger, Christa; Hlavac, Christian: 99 Fragen zu österreichischen Sehenswürdigkeiten. Wien 2015.

Erb, Ingrid: Venedig in Wien. Die Inszenierung des Ephemeren als Spielfeld der Moderne. Dissertation Technische Universität Wien. Wien 2016.

Etzlstorfer, Hannes (Hrsg.): Martino und Bartolomeo Altomonte. Ölskizzen und kleine Gemälde aus österreichischen Sammlungen. Schriften des Salzburger Barockmuseums Nr. 27. Salzburg 2002.

Feigl, Erich: Kaiserin Zita. Von Österreich nach Österreich. Wien 1982.

Fischer, Manfred A.; Oswald, Karl; Adler, Wolfgang: Exkursionsflora für Österreich, Liechtenstein und Südtirol. OÖ Landesmuseen (Hrsg.). Linz 2008.

Franz, Rainald: Vincenzo Scamozzi (1548–1615). Studien zum Werk. Dissertation Universität Wien. Wien 1996.

Friedl, Ingrid: Vom Gefrorenen zum Softeis. Das Genussmittel Speiseeis in handwerklicher Tradition und als Industrieprodukt. Dissertation Universität Graz. Graz 2005.

Friedrich, Verena: Der Dom zu den heiligen Rupert und Virgil in Salzburg. Passau 2007.

Fuchs, Franz (Hrsg.): Enea Silvio Piccolomini nördlich der Alpen. Wiesbaden 2008.

Gause-Reinhold, Angelika: Das Christinen-Denkmal von Antonio Canova und der Wandel in der Todesauffassung um 1800. Frankfurt am Main 1990.

Giusa, Antonio (Hrsg.): Giacomo Ceconi & Co. Un album fotografico sulla costruzione del traforo dell'Arlberg. Udine 2007.

Grimschitz, Bruno: Johann Lucas von Hildebrandt. Wien 1959.

Großauer-Zöbinger, Jennyfer: Das Leopoldstädter Theater (1781–1806). Sozialgeschichtliche und soziologische Verortungen eines Erfolgsmodelles. In: Andrea Brandner-Kapfer, Jennyfer Großauer-Zöbinger, Beatrix Müller-Kampel: Kasperl-La Roche. Seine Kunst, seine Komik und das Leopoldstädter Theater. LiTheS. Zeitschrift für Literatur- und Theatersoziologie. Sonderband 1, S. 5–55. Graz 2010.

Grüner, Sigmar; Sedlaczek, Robert: Lexikon der Sprachirrtümer Österreichs. Wien 2003 (2. Auflage).

Hajós, Beatrix: Die Schönbrunner Schloßgärten. Wien 1995.

Hajós, Beatrix: Schönbrunner Statuen. 1773–1780. Ein neues Rom. Wien 2004.

Haltrich, Martin: Illustrierte Kulturgeschichte des Stiftes Zwettl. Zwettler Zeitzeichen, Band 16. Stadtgemeinde Zwettl (Hrsg.). Zwettl 2016.

Haslinger, Ingrid: Kloster Kulinarium. Aus der Stiftsküche der Lilienfelder Zisterzienser. Wien 2011.

Hlavac, Christian; Leuthold, Margit (Hrsg.): Die Gärten des Glaubens. Ein österreichischer Reiseführer. Weitra/Wien 2003.

Hlavac, Christian; Göttche, Astrid; Berger, Eva (Hrsg.): Historische Gärten und Parks in Österreich. Wien 2012.

Hlavac, Christian: Johann Philipp Graf von Cobenzl (1741–1810). Ein Beitrag zur Familiengeschichte derer von Cobenzl. In: Jahrbuch der

Österreichischen Gesellschaft zur Erforschung des 18. Jahrhunderts, Band 27. Bochum 2012, S. 227–241.

Hlavac, Christian: 150 Jahre Wiener Stadtpark – ein Streifzug durch 150 Jahre Nutzungsgeschichte. In: Wiener Geschichtsblätter. Verein für Geschichte der Stadt Wien (Hrsg.), 68. Jahrgang. Heft 2. Wien 2013. S. 129–150.

Hlavac, Christian; Göttche, Astrid: Die Gartenmanie der Habsburger. Die kaiserliche Familie und ihre Gärten 1792–1848. Wien 2016.

Hölzl, Norbert: Das goldene Zeitalter. Der Traum Kaiser Maximilians 1502–2002. Reith im Alpbachtal 2001.

Huber, Wolfgang Christian (Hrsg.): Das Stift Klosterneuburg. Wo sich Himmel und Erde begegnen. Dössel 2014.

Javorsky, Friedrich: Lexikon der Wiener Straßennamen. Wien 1964.

Jonglez, Thomas; Zoffoli, Paola: Verborgenes Venedig. Versailles 2013.

Kammerhofmuseum Bad Aussee (Hrsg.): Der Ausseer Fasching. Ausstellung. Bad Aussee 2017.

Keplinger, P. Ludwig: Zisterzienserstift Schlierbach. Salzburg 2005.

Köhler, Werner; Labonté, Edmund (Hrsg.): Circus Roncalli. Geschichte einer Legende. Hamburg 1997.

Körner, Stefan: Nikolaus II. Esterházy und die Kunst. Biografie eines manischen Sammlers. Wien 2013.

Kos, Wolfgang (Hrsg.): Die Eroberung der Landschaft. Semmering-Rax-Schneeberg. Katalog zur Niederösterreichischen Landesausstellung 1992. Wien 1992.

Kos, Wolfgang (Hrsg.): Wiener Typen. Klischees und Wirklichkeit. Ausstellungskatalog Wien Museum. Wien 2013.

Kristan, Markus: Oskar Marmorek. Architekt und Zionist 1863–1909. Wien 1996.

Land Vorarlberg (Hrsg.): Unser Landhaus. Festschrift zur Eröffnung des Landhauses. Dornbirn 1981.

Lauro, Brigitta: Die Grabstätten der Habsburger. Kunstdenkmäler einer europäischen Dynastie. Wien 2007.

Lichtscheidl, Olivia: »Il gelato artigianale«. Ein Beitrag zu Geschichte und Gegenwart der italienischen Eisverkäufer in Wien. Diplomarbeit Universität Wien. Wien 1995.

Lippmann, Wolfgang: Der Salzburger Dom 1598–1630. Unter besonderer Berücksichtigung der Auftraggeber und des kulturgeschichtlichen Umfeldes. Weimar 1999.

Lorenz, Hellmut; Mader-Kratky, Anna (Hrsg.): Die Wiener Hofburg 1705–1835. Die kaiserliche Residenz vom Barock bis zum Klassizismus. Wien 2016.

Ma, Klaralinda; Psarakis, Brigitta: »… ein ungeheurer herrlicher Garten …«. Wien aus der Sicht ausländischer Besucher vom 15. bis zum 19. Jahrhundert. Wiener Stadt- und Landesarchiv (Hrsg.). Wien 1990.

Magistrat der Stadt Wien, Magistratsdirektion-Pressestelle (Hrsg.): Rathaus-Korrespondenz, 20. März 1953, Blatt 382–383.

Marmorek, Oskar (Red.): Neubauten und Concurrencen in Oesterreich und Ungarn. Organ für das Hochbaufach und seine Interessenten. 1. Jahrgang, Heft VIII. Wien 1895.

Mulitzer, Matthias: Die Architektur der Kamaldulenser-Eremiten von Monte Corona in Europa. Monasticon Coronense II. Wien 2015.

Museen der Stadt Wien (Hrsg.): Der Verlag Artaria. Veduten und Wiener Alltagsszenen. Katalog zur 72. Sonderausstellung des Historischen Museums der Stadt Wien. Wien 1981.

Neudecker, Maria Anna: Allerneuestes allgemeines Kochbuch oder gründliche Anweisung alle mögliche nahrhafte, geschmackvolle Speisen und Getränke, auf die wohlfeilste Art, ohne Nachtheil der Gesundheit zu bereiten. Prag 1831.

Neumann, Petra (Hrsg.): Wien und seine Kaffeehäuser. Ein literarischer Streifzug durch die berühmtesten Cafés der Donaumetropole. München 1997.

Neunteufl, Herta: Erzherzog Johann Kochbuch. Sonderausgabe für das Kammerhofmuseum Bad Aussee. Bad Aussee 2004.

Nierhaus, Andreas: Kreuzenstein. Die mittelalterliche Burg als Konstruktion der Moderne. Wien 2014.

Oberhammer, Vinzenz: Die Bronzestandbilder des Maximiliangrabmales in der Hofkirche zu Innsbruck. Innsbruck 1935.

Oberwalder, Louis: Kals am Großglockner. Gemeinde Kals am Großglockner (Hrsg.). Kals 2004.

Ohne Verfasser: Biographische Skizzen der Personen, welche in den das Grabmahl Kaisers Maximilian I., in der Kirche zum heiligen Kreuz zu Innsbruck umgebenden und von J. G. Schedler, Kunstmahler, in Kupferstichen abgebildeten 28 Statuen dargestellt sind. Innsbruck 1823.

Opll, Ferdinand: Italiener in Wien. Wiener Geschichtsblätter Beiheft 3/1987. Verein für Geschichte der Stadt Wien (Hrsg.). Wien 1987.

Palla, Rudi: Verschwundene Arbeit. Von Barometermachern, Drahtziehern … und vielen anderen untergegangenen Berufen. Wien 2010.

Parucki, Maria. Die Wiener Minoritenkirche. Wien 1995.

Pemmer, Hans: Der Friedhof zu St. Marx in Wien. Zweite erweiterte Auflage. Amt für Kultur und Volksbildung (Hrsg.). Wien 1959.

Pemmer, Hans; Lackner, Ninni: Die Währinger Straße. Ein Spaziergang von der Votivkirche zur Volksoper. Beiträge zur Heimatkunde des IX. Wiener Gemeindebezirks, Band 3. Wien 1968.

Peter, Peter: Kulturgeschichte der österreichischen Küche. München 2013.

Petrini, Carlo: Slow Food. Genießen mit Verstand. Zürich 2003.

Piccolomini, Enea Silvio: Über Österreich. Herausgegeben und übersetzt von Felix Kucher. Wien 2002.

Pichlkastner, Sarah; Swatek, Manuel: Fürsorge und Ökonomie. Das Wiener Bürgerspital um 1775. Veröffentlichungen des Wiener Stadt- und Landesarchivs. Ausstellungskataloge Heft 97. Wien 2017.

Pohl, Brigitte: Das Hofbauamt. Seine Tätigkeit zur Zeit Karls VI. und Maria Theresias. Dissertation Universität Wien. Wien 1968.

Polleroß, Friedrich (Hrsg.): Reiselust und Kunstgenuss. Barockes Böhmen, Mähren und Österreich. Petersberg 2004.

Reinhardt, Volker: Pius II. Piccolomini. Der Papst, mit dem die Renaissance begann. München 2013.

Ricaldone, Luisa: Italienisches Wien. Wien 1986.

Richter, Werner: Historia Sanctae Crucis. Beiträge zur Geschichte von Heiligenkreuz im Wienerwald 1133–2008. Heiligenkreuz 2011.

Riess, Marta: Die Familiengeschichte des Hauses Pallavicini in Österreich-Ungarn. Wien [um 2006].

Röhrig, Floridus (Hrsg.): Die ehemaligen Stifte der Augustiner-Chorherren in Österreich und Südtirol. Klosterneuburg 2005.

Ronzoni, Luigi A.: Giovanni Giuliani (1664–1744). Ausstellungskatalog Liechtenstein Museum Wien. Johann Kräftner (Hrsg.), 2 Bände. München 2005.

Rosendorfer, Herbert: Kirchenführer Venedig. Leipzig 2008.

Rubey, Norbert; Schoenwald, Peter: Venedig in Wien. Theater- und Vergnügungsstadt der Jahrhundertwende. Wien 1996.

Ruggenthaler, P. Oliver: Das Maximilian-Mausoleum in der Innsbrucker Hofkirche nach Quellen des Archivs der Tiroler Franziskanerprovinz. In: Tiroler Heimat. Jahrbuch für Geschichte und Volkskunde. 70. Band. Innsbruck 2006, S. 85–97.

Schiefermüller, P. Maximilian: Die Deckenfresken der Stiftsbibliothek Admont. Passau 2015.

Schießer, Heinz: Gmundner Villen. Reminiszenzen an die Belle Époque in der Traunseestadt. Gmunden 2013.

Schobersberger, Walburg: Baumeister di un'epoca. I Ceconi, una famiglia di impresari e architetti a Salisburgo nel period della »Gründerzeit«. In: Baumeister dal Friuli. Matteo Ermacora u. a. (Hrsg.). Artegna 2005, S. 43–60.

Schubert, Peter: Das Wiener Arsenal. Ein historischer Überblick. Wien 1975.

Schubert, Peter; Schubert, Wolfgang: Das Wiener Arsenal. Klosterneuburg [um 2003].

Schuster, Mauriz: Alt-Wienerisch. Ein Wörterbuch veraltender und veralteter Wiener Ausdrücke und Redensarten. Wien 1984.

Sedlaczek, Robert (in Zusammenarbeit mit Melita Sedlaczek): Wörterbuch des Wienerischen. Innsbruck 2011.

Seeger, Ulrike: Stadtpalais und Belvedere des Prinzen Eugen. Entstehung, Gestalt, Funktion und Bedeutung. Wien 2004.

Seiler, Christian: André Heller. Feuerkopf. Die Biografie. Aktualisierte 5. Auflage. München 2017.

Sinhuber, Bartel F.: Unterm Riesenrad. Geschichten aus dem alten Prater. Wien 2000.

Slezak, Friedrich: Geschichte der Firmen Artaria & Compagnie und Freytag-Berndt und Artaria. Wien 1970.

Slezak, Friedrich: Beethovens Wiener Originalverleger. Forschungen und Beiträge zur Wiener Stadtgeschichte Band 17. Wien 1987.

Stadt Wien – Presse- und Informationsdienst (Hrsg.): Zeit-Zeugnisse. Altstadterhaltung in Wien. Wien 2014.

Straub, Wolfgang: Carl Ritter von Ghega. Biografische Bibliothek Styria, Band 1. Wien 2004.

Sturm, Johann: Beiträge zur Architektur der Carlone in Österreich. Dissertation Universität Wien. 3 Bände. 1969.

Telesko, Werner (Hrsg.): Die Wiener Hofburg 1835–1918. Der Ausbau der Residenz vom Vormärz bis zum Ende des »Kaiserforums«. Wien 2012.

Teply, Karl: Die Einführung des Kaffees in Wien. Verein für Geschichte der Stadt Wien (Hrsg.). Wien 1980.

Torberg, Friedrich: Die Tante Jolesch oder Der Untergang des Abendlandes in Anekdoten. München 1977.

Uhlig, Günther: Vespa. Die Geschichte des Kultklassikers im Bild. Stuttgart 2014.

Unterholzner, Daniela: Bianca Maria Sforza (1472–1510). Herrschaftliche Handlungsspielräume einer Königin vor dem Hintergrund von Hof, Familie und Dynastie. Dissertation Universität Innsbruck. Innsbruck 2015.

Vocelka, Karl: Die Familien Habsburg und Habsburg-Lothringen. Politik – Kultur – Mentalität. Wien 2010.

Wagner, Christoph: Augustinerchorherrenstift St. Florian. Wien 1986.

Wallentin, Ingeborg: Der Salzburger Hofbaumeister Santino Solari (1576–1646). Leben und Werk aufgrund der historischen Quellen. In: Mitteilungen der Gesellschaft für Salzburger Landeskunde, 134. Jahrgang. Salzburg 1994, S. 191–310.

Weeber, Karl-Wilhelm: Super! Griechische und lateinische Wörter im Deutschen. Stuttgart 2015.

Weiss, Sabine: Claudia de' Medici. Eine italienische Prinzessin als Landesfürstin von Tirol (1604–1648). Innsbruck 2004.

Weiss, Sabine: Claudia und Anna de' Medici. Kunst- und Kulturtransfer Florenz – Innsbruck – Wien (1626–1676). In: Die Frauen des Hauses Medici. Politik, Mäzenatentum, Rollenbilder (1512–1743). Christina Strunck (Hrsg.). Petersberg 2011.

Weissensteiner, Friedrich: Ein Aussteiger aus dem Kaiserhaus: Johann Orth. Wien 1985.

Weissensteiner, Friedrich: Reformer, Republikaner und Rebellen. Das andere Haus Habsburg. München 1995.

Wiegelmann, Günter: Alltags- und Festspeisen in Mitteleuropa. Innovationen, Strukturen und Regionen vom späten Mittelalter bis zum 20. Jahrhundert. Zweite, erweiterte Auflage unter Mitarbeit von Barbara Krug-Richter. Münster 2006.

Wien Museum (Hrsg.): Schöne Aussichten. Die berühmten Wien-Bilder des Verlags Artaria. Ausstellungskatalog. Wien 2007.

Wurzbach, Constant von: Biographisches Lexikon des Kaiserthums Oesterreich, enthaltend die Lebensskizzen der denkwürdigen Personen, welche 1750–1850 im Kaiserstaate und seinen Kronländern gelebt haben. Fünfter Theil. Wien 1859.

Zahnhausen, Richard A.: Das Wiener Schnitzel. Struktur und Geschichte einer alltäglichen Speise. In: Wiener Geschichtsblätter. Verein für Geschichte der Stadt Wien (Hrsg.), 56. Jahrgang, 2001, S. 132–146.

Zedinger, Renate: Franz Stephan von Lothringen (1708–1765). Monarch, Manager, Mäzen. Wien 2008.

Zips, Manfred: Die Minoritenkirche »Maria Schnee« in Wien. Ihre Geschichte und ihre Kunstdenkmäler. Passau 2012.

Bildnachweis

Christian Hlavac (8, 11, 15, 17, 18, 21, 22, 30, 32, 35, 39, 40, 42, 44, 45, 51, 56, 58, 68, 70, 73, 77, 79, 81, 83, 86, 88, 91, 93, 95, 99, 105, 111, 112, 114, 116, 119, 121, 122, 123, 125, 127, 130, 131, 133, 135, 137, 145, 151, 153, 155, 161, 167, 169, 171, 173, 177, 178, 185, 189, 190, 200, 203, 204, 207, 209, 212, 213), Christa Englinger (13, 28, 46, 108, 163, 165, 195), Austrian Archives/Imagno/picturedesk.com (25, 50, 197), Archiv Christian Hlavac (34, 97, 142, 157, 199), Archiv Seemann/Imagno/picturedesk.com (60, 63), Wikimedia Commons/Didier Descouens/CC BY-SA 4.0 (65), ÖNB-Bildarchiv/picturedesk.com (72), Erich Lessing/picturedesk. com (75), akg-images/Manuel Cohen (85), Photoinstitut Bonartes/ Imagno/picturedesk.com (101), Josef Hlavac (102, 110), Franz Hubmann/Imagno/picturedesk.com (129), Wikimedia Commons/Erich Schmid/CC BY-SA 3.0 (140), ullstein bild – Hermann C. Kossel/ Ullstein Bild/picturedesk.com (144), KHM-Museumsverband (149), Patrizia Lombardi (180), Wikimedia Commons/Johann Jaritz/CC BY-SA 4.0 (183)

Der Verlag hat alle Rechte abgeklärt. Konnten in einzelnen Fällen die Rechteinhaber der reproduzierten Bilder nicht ausfindig gemacht werden, bitten wir, dem Verlag bestehende Ansprüche zu melden.

Namensregister

Medici, Gian
Gastone, Groß-
herzog der
Toskana 193
Meiners, Christoph
159
Metastasio, Pietro
208f.
Miguel I., König
von Portugal 145
Miklas, Wilhelm
99
Milani, Giovanni
28, 37
Montessori, Maria
12
Moriondo, Angelo
35f.
Mozart, Wolfgang
Amadé 157, 201

Nákó, Koloman Graf
145
Negrelli, Gioseffa
(Giuseppina) 96
Negrelli, Josef 100
Negrelli, Luigi
12, 96–100
Neudecker, Anna
Maria 47
Nicolai, Friedrich
173
Nobile, Pietro 39,
134
Nußbaumer, August
43

Oerley, Robert 186
Orlitsek, Franz 40
Orth, Johann
siehe Johann
Nepomuk Salvator,
Erzherzog
Ott, Elfriede 43

Pacassi, Johann
Stephan 114
Pacassi, Nicolaus
114–117
Pace, Antonio 14
Palladio, Andrea 94
Pallavicini, Alfred
Markgraf 162–165
Pallavicini, Alphons
Markgraf 162
Pallavicini, Gianluca
162
Panella Jirout,
Daniela 208
Paul, Bernhard
75–77
Pavoni, Desiderio
36
Payer, Julius 202
Peck, Gregory 156
Peichl, Gustav 129
Petrini, Carlo 53f.,
57
Petrucci, Mario 132f.
Pfaffenhofen, Franz
Simon Graf 160
Piaggio, Enrico I.
154

Piaggio, Enrico II.
154
Piaggio, Rinaldo
153f.
Piccolomini, Enea
Silvio (Pius II.,
Papst) 82–85
Pichler, Arnulf 183
Pick, Mark 48
Pietro Leopoldo,
Großherzog der
Toskana siehe
Leopold II., Kaiser
(HRR)
Pinturicchio
(Bernardino di
Betto di Biagio)
85
Pius II., Papst siehe
Piccolomini, Enea
Silvio
Plochl, Anna 43, 203
Pluhar, Erika 74f.
Pompe-Niederführ,
Ilse 71
Pradel, Arcangelo
Molin 30
Prandtauer, Jakob
109, 111f.
Prinzhofer, August
97
Prost, Franz 136

Radetzky, Johann
Joseph Wenzel
Graf 45–47, 211

Raffaelli, Giacomo 208

Raitenau, Wolf Dietrich Fürsterzbischof 92–94

Reinhardt, Max 92, 205

Roesner, Carl 190

Romuald (Benediktinermönch) 170

Roncalli, Angelo Giuseppe siehe Johannes XXIII., Papst

Rovere, Federico Ubaldo della Fürst 148

Rudinì, Antonio Starabba 49

Said, Muhammad 98

Salieri, Antonio 207, 209

Scamozzi, Giovanni Domenico 93

Scamozzi, Vincenzo 93f.

Schiviz, Gilbert 201

Schnitzer, Josef 123f.

Schönborn, Friedrich Karl Graf 107

Schrevogl, Erenbert 110

Schubert, Franz 186

Schultes, Joseph August 39

Schütz, Carl 198

Schwanenfeld, Sebastian 69

Schwarzenberg, Adam Franz Karl Fürst 106

Schwarzenberg, Karl Philipp Fürst 186

Schwind, Moritz von 186

Seebacher-Konzut, Josef 130

Sforza, Bianca Maria, Kaiserin (HRR) 140–143

Sforza, Francesco, Herzog 140

Sforza, Galeazzo Maria, Herzog 141

Sforza, Ludovico, Herzog 141

Sicardsburg, August Sicard von 190

Sigismund, Erzherzog 82, 140

Silberer, Victor 165f.

Solari, Santino 94f.

Solimena, Francesco 12

Spanheim, Bernhard, Herzog 182

Spitzer, Leopold 67

Starhemberg, Georg Adam Graf 117

Steinberger, Emil 76

Steiner, Gabor 60f., 64

Steiner, Max 64

Stubel, Ludmilla 196

Szabo, Luise (geb. Corti) 40

Tallachini, Felix 89

Taroni, Giovanni 28

Tavella, Pasquale 17

Thiennes e Rumbeke, Anne Charlotte Alexandrine Gräfin 157

Tököly, Eva 175

Tomaselli, Carl junior 21

Tomaselli, Carl senior 19f.

Tomaselli, Giuseppe 18f.

Torberg, Friedrich 33

Umberto I., König von Italien 16

Van der Nüll, Eduard 190

Vettori, Luigi 150

Vinci, Leonardo da 208

Vivaldi, Antonio 124–128

Vocelka, Karl 194

Wagner, Otto 186
Weigl, Robert 186
Weis, Johann Baptist
  135
Welser, Philippine
  148
Weyprecht, Carl 202
Wilczek, Johann

(Hans) Nepomuk
  Graf 202f., 205
Wilhelm II., deut-
  scher Kaiser 205
Wotruba, Fritz 128

Zahnhausen,
  Richard 46

Zanoni, Luciano 31
Ziegler, Johann 198
Zilk, Helmut 187
Ziller, Ernst 196
Zinner, Anton
  106f.
Zita, Kaiserin (Ö)
  144–148

Ortsregister

174f., 177f., 184–
188, 190, 193f., 198,
201f., 205f., 210,
212
1. Bezirk (Innere
Stadt) 24, 28, 34,
37–42, 66, 77,
90f., 106, 108,
116, 120, 122f.,
126, 128, 132,
134–136, 157, 162,
164, 186f., 199–
201, 206–209
2. Bezirk (Leo-
poldstadt) 42,
50–52, 59–73
3. Bezirk (Land-
straße) 17, 66,
69, 72f., 96,
106f., 113, 161,
186–192
4. Bezirk (Wieden)
40, 66, 116, 127
7. Bezirk (Neubau)
17, 177
8. Bezirk (Josef-
stadt) 107

9. Bezirk (Alser-
grund) 82, 99,
122, 178f., 208
11. Bezirk (Simme-
ring) 72, 90f.,
96, 99
12. Bezirk
(Meidling) 115,
132
13. Bezirk
(Hietzing)
78–81, 115f., 205
14. Bezirk
(Penzing) 109,
186, 201
15. Bezirk
(Rudolfsheim-
Fünfhaus)
129f.
16. Bezirk
(Ottakring) 79
17. Bezirk (Her-
nals) 201
18. Bezirk
(Währing) 90f.
19. Bezirk
(Döbling) 129,

156–161, 172–175,
186, 201
21. Bezirk (Florids-
dorf) 129
22. Bezirk (Donau-
stadt) 132
23. Bezirk (Liesing)
117, 128
Wiener Neustadt
(Niederösterreich)
12, 82f., 91f., 114,
139f., 145, 175, 179
Wilhering (Ober-
österreich) 120
Winden am See
(Burgenland)
128, 130f.

Zagora (Griechen-
land) 69
Zirl (Tirol) 150
Zoppè di Cadore
(Venetien) 29
Zürich (Kanton
Zürich) 96, 132
Zwettl (Niederöster-
reich) 120

Vom »grünen Daumen«
der Habsburger

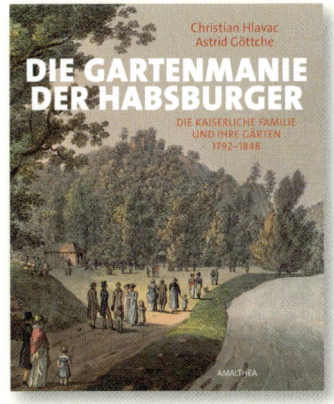

Zahlreiche Legenden und Anekdoten erzählen von »gartelnden« Habsburgern. Eine Vielzahl an prachtvollen Gartenanlagen zeugt noch heute von der Leidenschaft, mit der die Familie Habsburg ihrer Liebe für Botanik und Gartenkunst frönte. Besonders Kaiser Franz II. (I.), Schwiegervater Napoleons und Begründer des Kaisertums Österreich, war ein großer Gartenfreund und bekam von der Nachwelt den Spitznamen »Blumenkaiser«. Auch seine Brüder, die Erzherzöge Karl, Anton und Johann, waren passionierte Gärtner und Pflanzensammler. Die Blütenpracht ihrer Gärten spiegelte die persönlichen Vorlieben und Interessen ihrer Besitzer ebenso wider wie die Entwicklung der österreichischen Gartenkultur im 18. und 19. Jahrhundert. Dies und mehr entdecken Sie in der »Gartenmanie der Habsburger«.

··

Christian Hlavac, Astrid Göttche

Die Gartenmanie der Habsburger

Die kaiserliche Familie und ihre Gärten 1792–1848

160 Seiten, mit zahlreichen Abbildungen
ISBN 978-3-99050-037-8

Amalthea   amalthea.at

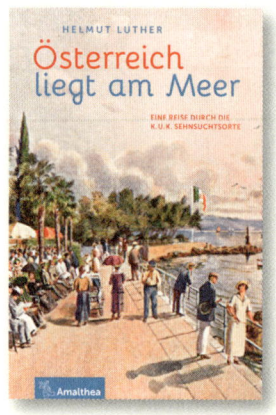

Brioni, Abbazia, Fiume – das sind die klingenden Namen der Kur- und Badeorte an der einstigen k. u. k. Riviera. Wer heute durch Brijuni, Opatija oder Rijeka schlendert, trifft noch immer auf den Charme vergangener Zeiten.

Helmut Luther begibt sich auf nostalgische Entdeckungsreise von Meran über den Gardasee bis nach Triest und Pula ins einstige Österreichische Küstenland. Unterwegs begegnet er historischen Persönlichkeiten wie den Bildhauern und Malern Peter und Paul Strudel, Ingenieur Carlo Ghega, Mozart-Konkurrent Antonio Salieri, der Schauspielerin Nora Gregor, dem Industriellen Paul Kupelwieser und vielen anderen. Gestern und Heute, Berge und Meer – entdecken Sie die k. u. k. Sehnsuchtsorte aus einer Zeit, als Österreich am Meer lag.

....

Helmut Luther

Österreich liegt am Meer

Eine Reise durch die k. u. k. Sehnsuchtsorte

288 Seiten, mit zahlreichen Abbildungen

ISBN 978-3-99050-072-9

eISBN 978-3-903083-58-5

Amalthea   amalthea.at

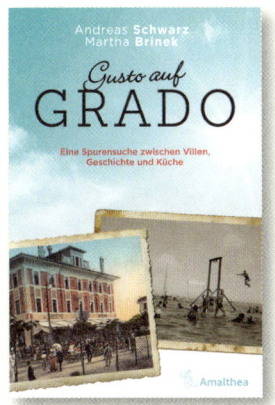

Enge Gässchen und schattige Plätze, eine pittoreske Altstadt und ein Hauch von k. u. k. Flair erschaffen die besondere Magie Grados. Wunderschöne alte Villen und Pensionen zeugen noch heute von den glanzvollen Gästen vergangener Tage und der Bedeutung des Seebads in der Habsburgergermonarchie.

Andreas Schwarz und Martha Brinek erzählen von den berühmten Ville Bianchi, der Villa Reale und der Villa Erica, von Grados starken Frauen und seiner Geschichte. Mit Urgradesern und Grado-Liebhabern wie Peter Matić, Trixi Schuba oder Erwin Steinhauer entdecken sie, was den Sehnsuchtsort an der Adria so anziehend macht. Warum Grado, seine Villen und deren Küche sich so sehr nach »Zuhause« anfühlen. Und warum man immer wieder Gusto auf Grado bekommt.

....

Andreas Schwarz, Martha Brinek

Gusto auf Grado

Eine Spurensuche zwischen Villen,
Geschichte und Küche

256 Seiten, mit zahlreichen Abbildungen
ISBN 978-3-99050-129-0
eISBN 978-3-903217-33-1

Amalthea   amalthea.at